JN302640

わくわく エプロンシアター

中谷真弓 著

チャイルド本社

わくわくエプロンシアター®

もくじ

はじめに……… 4

エプロンシアター　おはなし＆演じ方

お誕生会のおはなし すてきなお誕生会……… 6

野菜のおはなし はたけのカーニバル……… 10

衛生のおはなし キレイ天使とバイキン魔王……… 16

乳児から楽しめるおはなし みんなのおうち……… 22

乳児から楽しめるおはなし ねんねんころりん……… 24

歌に合わせたおはなし	**みんなでうたおう！** ……… 26

冒険のおはなし	**迷子のチャッピー** ……… 32

日本の民話	**もちつきこばん** ……… 38

世界の名作	**ブレーメンに行こう！** ……… 44

エプロンシアター　型紙＆作り方

基本のエプロンの作り方……… 50
- すてきなお誕生会　型紙＆作り方 ……… 51
- はたけのカーニバル　型紙＆作り方 ……… 58
- キレイ天使とバイキン魔王　型紙＆作り方 ……… 65
- みんなのおうち　型紙＆作り方 ……… 71
- ねんねんころりん　型紙＆作り方 ……… 75
- みんなでうたおう！　型紙＆作り方 ……… 77
- 迷子のチャッピー　型紙＆作り方 ……… 83
- もちつきこばん　型紙＆作り方 ……… 89
- ブレーメンに行こう！　型紙＆作り方 ……… 97

はじめに

　エプロンシアターは、表情豊かに演じることによって子どもの心をとらえ、イメージを広げます。エプロンシアターを見ているときの子どものキラキラしたまなざしや活発な反応は、演じる人を、"もっと子どもの言葉や反応を取り入れて演じたい"という気持ちにしてくれるでしょう。

　さらに、エプロンシアターを手作りしてみると、作品への愛着や理解が深まり、演じることへの意欲がわいてきます。

　本書では、乳児向けの「みんなのおうち」「ねんねんころりん」、乳児から幼児まで楽しめる歌に合わせた「みんなでうたおう！」、名作「ブレーメンの音楽隊」をもとにした「ブレーメンに行こう！」など、演じやすく楽しい作品を集めました。

　手作り作品をいきいきと演じて、あなたと子どもたちとのコミュニケーションを楽しんでください。

エプロンシアター考案者　中谷真弓

エプロンシアターのうた

作詞・作曲／中谷真弓

＊「エプロンシアターのうた」について
「エプロンシアターのうた」は、はじまりにうたうとエプロンシアターへの期待感がわいてきます。☐の部分に、お話のタイトルを入れてうたいましょう。

わくわく エプロンシアター® おはなし&演じ方

お誕生会のおはなし すてきなお誕生会

対象年齢 3歳児～

型紙・作り方は51ページ～

楽器が得意なくまくんたちが、こぶたのピッキーといっしょに向かったのは……。
お誕生会にぴったりの、みんなでうたって盛り上がれるお話です。

脚本／中谷真弓

このおはなしで使う人形

マック　ミック　ムック　ピッキー　パール　ケーキ　プレゼントの箱　花の冠

演じる前の準備

家を開くと…
エプロン
家の窓を開けると…

ポケット
マック　ミック　ムック
ピッキー　花の冠　ケーキ
プレゼントの箱

● 窓を開いたときに顔が見える位置でパールを挟み、窓を閉じておきます。
● くま3匹とピッキー、プレゼントの箱、ケーキをポケットに入れておきます。

※花の冠は、プレゼントの箱に入れておきます。

※①～⑩は、面ファスナー凹面を表しています。

1

ナレーター

ここは、森の広場です。
おや？ 誰か来ましたよ。

- くまのマックを少しのぞかせながら、ポケットを指さします。

「ここは、森の広場です」
「おや？」
「みなさん、こんにちは」

2

- ポケットからマックを出します。

マック

みなさん、こんにちは。ぼくは、くまのマックです。
たいこをたたくのが得意なんだ！
たいこの練習をしようっと。
トントコトン、トントコトン……。

- マックを①に付け、たいこをたたくしぐさをします。

マック

みんなもいっしょにたたいてね。
トントコトン、トントコトン……。
みんな上手だね。

- 子どもたちにも、いっしょにたいこをたたくしぐさをするように促します。
  たたくしぐさを楽しんだら、みんなで拍手をしましょう。

3

ナレーター

するとそこへ……。

- ポケットからミックを出します。

ミック

ぼくは、くまのミックっていうんだ。
たいこの音が聞こえてきたから来てみたら、やっぱり、マックだったね。
たいこの練習をしているのかな？ ぼくも、タンバリンの練習をしようっと。
パーンパーン、パンパカパン……。

- ミックを②に付け、タンバリンをたたくしぐさをします。

ミック

みんなもいっしょにたたいてね。パーンパーン、パンパカパン……。
みんな上手だね。

- 子どもたちにも、いっしょにタンバリンをたたくしぐさをするように促します。
  たたくしぐさを楽しんだら、みんなで拍手をしましょう。

4

ナレーター　するとそこへ……。
● ポケットからムックを出します。

ムック　ぼくは、くまのムックです。
　　　　わあ！　みんな楽器の練習をしているんだね。
　　　　ぼくも入れて。ラッパの練習をするよ。
　　　　プップー、プップー、プップップー……。

● ムックを③に付け、ラッパを吹くしぐさをします。

ムック　みんなもいっしょに吹いてみよう！
　　　　プップー、プップー、プップップー。
　　　　みんな上手だね。

● 子どもたちにも、いっしょにラッパを吹くしぐさをするように促します。
　吹くしぐさを楽しんだら、みんなで拍手をしましょう。

5

ナレーター　そこへ、こぶたのピッキーがやって来ました。
● ポケットからピッキーを出します。

ピッキー　くまくんたち、なにしてるの？

くまたち　楽器の練習をしているんだよ。

ピッキー　ちょうどよかった。ねえ、これから
　　　　　友達の誕生日のお祝いに行くんだけど、いっしょに来てくれない？

くまたち　お誕生日？　それはいいね。みんなで行こう、行こう！

● ピッキーを④に付けて、ひと回りします。

なにしてるの？

行こう、行こう！

6

ナレーター　こぶたのピッキーとくまたちは、
　　　　　　こぶたのパールちゃんの家に行きました。

ピッキー　パールちゃーん、お誕生日おめでとう！

パール　まあ、ピッキーくん。来てくれたの、ありがとう！

● 家の窓を開いて、パールの顔を見せます。
　「♪ハッピー・バースデー・トゥー・ユー」
　（作詞・作曲／Patty S. Hill, Mildred J.Hill）をうたいます。
　子どもたちにもいっしょにうたってもらいましょう。

♪ハッピーバースデー♪

まあ、ピッキーくん

※たいこやタンバリン、ラッパを歌に合わせて演奏するまねもしてみましょう。

7

パール　まあー、うれしい！
どうぞ、みなさん中にお入りください。
いっしょにケーキを食べましょう。

● パールを落とさないように気を付けながら家を開き、
パールを⑦に付け、ピッキーを⑧に付けます。
ポケットからケーキを出して、家の裏の⑨⑩に付けます。

中にお入りください

ケーキを、家の裏の⑨⑩に付けます。

パールとピッキーを⑦、⑧に並べて付けます。

8

まあ、キレイだね

ピッキー　はい、プレゼント。

● ポケットから、プレゼントの箱を出します。

パール　あら？　なにかしら……。
まあ、キレイだわ。

● プレゼントの箱から花の冠を出し、パールの頭に付けます。
プレゼントの箱はポケットに入れます。

みんな　おめでとう！

● 子どもたちにも拍手をするように促し、みんなで拍手をします。

ナレーター　みんなでケーキを食べて、
とても楽しい誕生会になりました。

● もう一度みんなで「♪ハッピー・バースデー・トゥー・ユー」の歌をうたいます。

おめでとう！

おしまい

野菜のおはなし はたけのカーニバル

対象年齢 3歳児〜
型紙・作り方は58ページ〜

歌に合わせて野菜たちがつぎつぎと登場してくるストーリーは、食育にもぴったり！
踊りの場面では子どもたちにも参加してもらい、楽しく盛り上げましょう。

原作／阿部直美
脚本／中谷真弓

このおはなしで使う人形

キャベツ　きゅうり　トマト　しいたけ

お客の野菜　　かみなり（表／裏）　　雲と雨（雨を出したところ）

演じる前の準備

ポケット
キャベツ　きゅうり　しいたけ　トマト　お客の野菜

エプロン

裏ポケット
雲（雨を中に隠す）　かみなり

- キャベツ、きゅうり、しいたけ、トマト、お客の野菜（たまねぎ、ほうれんそう、にんじん、ピーマン）をポケットに入れます。
- 雲（雨を中に隠した状態）、かみなり（取り出す際に怒った顔が表になるように）を裏ポケットに入れます。

※①〜⑩は、面ファスナー凹面を表しています。

1

> **ナレーター**

きょうは、野菜たちが畑でお祭りをするんだって。おひさまもにこにこ笑っています。お客の野菜たちが、みんなの出番を待っているよ。さあ、カーニバルの始まりです！

「さあ、カーニバルの始まりです！」

2

「わくわくしちゃうね！」

> **お客の野菜**

きょうは野菜のカーニバルだ。
わくわくしちゃうね！
誰が出てくるのかな？
あっ、来たぞ来たぞ……。

● ポケットからお客の野菜を出し、⑦⑧⑨⑩に付けます。

3

> **キャベツ**

キャベツでーす！　おひさま、ありがとう！
こんなに大きくなりました。
♪キャッキャッキャー
　キャッキャッキャッ　キャベツ

● ポケットからキャベツを出してうたって踊り、③に付けます。

> **きゅうり**

きゅうりでーす！　おひさま、ありがとう！
こんなに大きくなりました。
♪キューッキュッキュッ　キュウリ

● ポケットからきゅうりを出してうたって踊り、④に付けます。

「キャベツでーす！」

「きゅうりでーす！」

4

ナレーター

そのときです。黒い雲が出てきて……。

● 裏ポケットから雲を出して、①②に付けます。

ナレーター

ゴロゴロゴロ……、ザザーッ！

● 雲から雨を出します。

太陽を隠すように雲を付け、中から雨を出します。

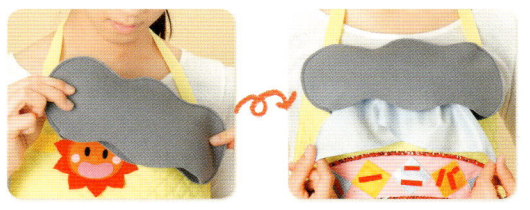

「おひさま、ありがとう！」だって？

5

かみなり

なんだ、なんだ！
「おひさま、ありがとう！」だって？
野菜は雨が降らなきゃ大きくなれないのだぞ。
知らないのか!?
ゴロゴロゴロ……、ド、ドンドンドン！

● かみなり（表）を、上半身だけ見えるように裏ポケットから出します。

6

キャベツ

わーっ、ごめんなさい、ごめんなさい。
そうですとも。野菜が大きくなるには、
おひさまも雨の恵みも、なくてはいけません。

● キャベツを持って、謝るしぐさをしたあと、③に付けます。

7

かみなり

わかってくれればいいんだよ。
では、おいらもたいこをたたいていっしょに踊ろう。

● かみなりを裏返して笑った顔にし、両手をたいこの面ファスナーに付けて、たいこをたたいている格好にします。
  雨雲を外してかみなりを②に付け、雲はポケットに入れます。
● ナレーターは帽子をかぶります（帽子の作り方は64ページ参照）。

野菜たち

では、カーニバルのやり直し。かみなりさまもごいっしょに……。

ナレーター

さあ、みんなでカーニバルを始めましょう！

かみなりを裏返し、たいこをたたいている格好にします。

みんなでカーニバルを始めましょう！

8

● 「はたけのカーニバル」の歌に合わせて、自由に踊りながら演じます。
ナレーターのかけ声と踊りを子どもたちもまねしましょう（下線部は、子どもたちがナレーターのまねをします）。

❶ ♪ はたけのやさいが あつまって（ドンドン）
みんなでゆかいな カーニバル（ドンドン）
ヘイヘイヘイヘイ きみもおいでよ（ドンドン）
「まずは キャベツ」
「キャッキャッキャー キャッキャッキャッ キャベツ（ドンドン）」
<u>「キャッキャッキャー キャッキャッキャッ キャベツ（ドンドン）」</u>

♪キャッキャッキャー
…キャベツ

● キャベツを持ってうたって踊り、❸に付けます。

❷ ♪ 「つぎは キュウリ」
「キューッキュッキュッ キュウリ（ドンドン）」
<u>「キューッキュッキュッ キュウリ（ドンドン）」</u>

● きゅうりを持ってうたって踊り、❹に付けます。

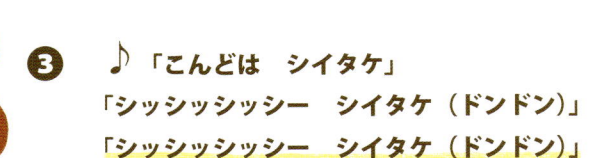

❸ ♪ 「こんどは シイタケ」
「シッシッシッシー シイタケ（ドンドン）」
<u>「シッシッシッシー シイタケ（ドンドン）」</u>

● ポケットからしいたけを出してうたって踊り、❺に付けます。

❹ ♪ 「はーい トマトだよ」
「トットットン トットットン トマト（ドンドン）」
<u>「トットットン トットットン トマト（ドンドン）」</u>

♪トットットン
…トマト

● ポケットからトマトを出してうたって踊り、❻に付けます。

9

ナレーター
カーニバルは、かみなりさまも
いっしょになって、
まだまだ続いたんだって。
他にはどんな野菜が出てきたのかな？

- お客の野菜たちが飛び入りで参加するなど、続きを自由に考えて遊びましょう。

※しいたけは畑で育つものではありませんが、ここでは子どもになじみ深い野菜として登場しています。

どんな野菜が出てきたのかな？

おしまい

はたけのカーニバル

作詞・作曲／阿部直美

♩=126

はたけ のやさい が あつまって ★ みんなでゆかいな カーニバル ★ ヘイ ヘイーヘイヘイー

きみ もおいでよー ★ 「まずは キャベツ」 「キャッキャッキャー キャッキャッキャッ キャベツ」★

みんな「キャッキャッキャー キャッキャッキャッ キャベツ」★ 「つぎは キュウリ」 「キューッキュッキュッ

キュウリ」★ みんな「キューッキュッキュッ キュウリ」★ 「こんどは シイタケ」

リーダー「シッシッシッシー シイタケ」★ みんな「シッシッシッシー シイタケ」★ 「はーい

トマト だよ」リーダー「トットットン トットットン トマト」★ みんな「トットットン トットットン トマト」★

★印のところに、「ドンドン」とたいこの音を入れてうたいます。

衛生のおはなし キレイ天使とバイキン魔王

子どもといっしょにお話を楽しみながら、手洗いの大切さを伝えられます。
それぞれのキャラクターを、表情豊かに演じてみましょう。

対象年齢 **2歳児～**
型紙・作り方は **65ページ～**

脚本／中谷真弓

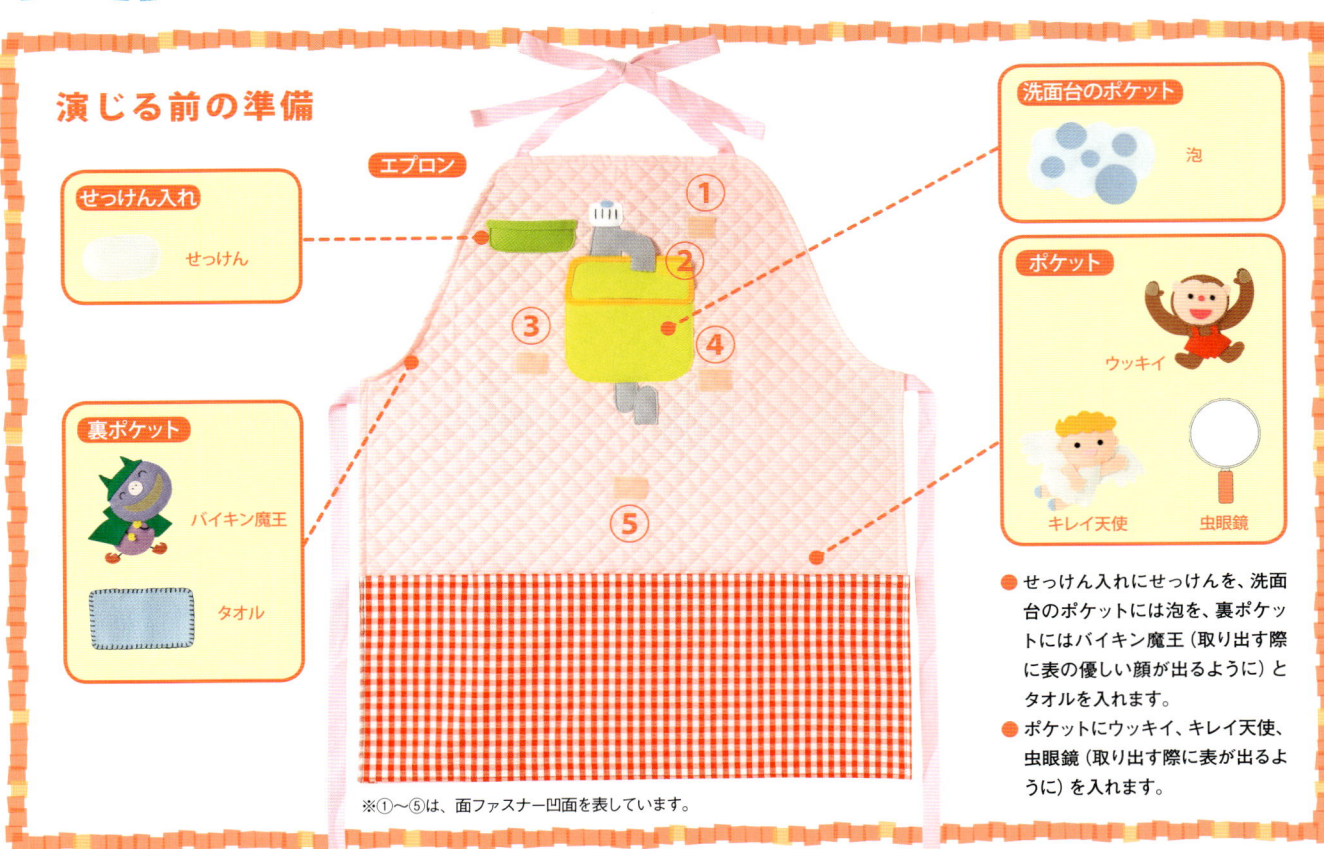

このおはなしで使う人形

- ウッキイ
- キレイ天使
- せっけん
- タオル
- 泡
- バイキン魔王（表／裏）
- 虫眼鏡（表／裏）

演じる前の準備

- エプロン
- せっけん入れ　せっけん
- 洗面台のポケット　泡
- ポケット　ウッキイ／キレイ天使／虫眼鏡
- 裏ポケット　バイキン魔王／タオル

① ② ③ ④ ⑤

● せっけん入れにせっけんを、洗面台のポケットには泡を、裏ポケットにはバイキン魔王（取り出す際に表の優しい顔が出るように）とタオルを入れます。
● ポケットにウッキイ、キレイ天使、虫眼鏡（取り出す際に表が出るように）を入れます。

※①～⑤は、面ファスナー凹面を表しています。

1

●ポケットからウッキイを出します。

> **ウッキイ**
>
> ぼく、ウッキイ。お外でいっぱい遊んだら、おなかがすいちゃった。
> お昼ごはんはなにかな？
> あっ！　その前に手を洗わなくちゃ！

●ウッキイを⑤に付けます。

「ぼく、ウッキイ」

2

●裏ポケットから、バイキン魔王（表）を出します。

> **バイキン魔王**
>
> ドロローン……わしはバイキン魔王。
> ウッキイちゃん、おなかがすいたでしょう？
> すぐにごはんを食べたいでしょう？
> ね？　手を洗うなんて面倒なことはしないで、
> すぐに食べましょうよ。

「すぐに食べましょうよ」

3

●バイキン魔王（表）を④に付け、ウッキイを持って考えるしぐさをします。

> **ウッキイ**
>
> うーん。そりゃあ、おなかはすいているし、
> すぐに食べたいけど……。

●ウッキイを⑤に付けます。

「すぐに食べたいけど…」

17

4

「だまされちゃダメダメ！」

「ぼく、どうしたらいいの？」

「せっけんで手を洗うのよ」

●ポケットからキレイ天使を出します。

キレイ天使

キラリーン……わたしはキレイ天使！
ウッキイちゃん、だまされちゃダメダメ！
ごはんの前には手を洗わなくちゃ！
きれいに見えるけれど、
手にはバイキン魔王の小さい子分が
たくさん隠れているのよ！

●ウッキイを持ちます。

ウッキイ

ええーっ！　そうなの？
ぼく、どうしたらいいの？

5

●ウッキイを①に付け、足を洗面台の後ろに挟みます。
　せっけん入れからせっけんを出します。

キレイ天使

せっけんで手を洗うのよ。
そうすればキレイパワーがアップして、
バイキン魔王をやっつけることができるわ！

●キレイ天使を③に付けます。

6

●ウッキイの両手を②に付けて、せっけんを
　ウッキイの手にこするようにしてから、せっけん入れに入れます。

ウッキイ

うん、わかった。
手をぬらして、せっけんをつけて……
泡が出てきたよ。
ブクブク……。

●手を洗うしぐさをし、洗面台のポケットから泡を引っ張って出します。

\テ・ヲ・ア・ラ・ウ・ナー!!/

この虫眼鏡で見てごらん

7

● バイキン魔王（裏）を持ちます。

バイキン魔王

ああー！ やめろ、やめろ！
手を洗うな!!
テ・ヲ・ア・ラ・ウ・ナー!!

● バイキン魔王（裏）を④に付けます。

8

● キレイ天使を持ちます。

キレイ天使

そーれ、不思議な力で……キラリーン！
さあ、この虫眼鏡で見てごらん。

● 魔法をかけるようなしぐさをし、ポケットから虫眼鏡（表）を取り出します。
　キレイ天使を③に付けます。

キレイ天使

ほら、これで小さいバイキンも見えるわ。
キレイパワーで……えーい！

9

● 虫眼鏡（表）を泡の上にかざし、裏返して裏面を見せます。

バイキン子分

タスケテー、タスケテー！
アワアワ、ブクブク、メガ、マワルー。
オヤブン、オイラタチ、ヤラレマシター。

● 虫眼鏡をポケットに入れます。

ウッキイ

わあ、びっくりした！
たくさんバイキンがいたんだね！

● ウッキイをエプロンに付けたまま、手を添えてせりふを言います。

キレイ天使

そうよ。このバイキンたちは、
ウッキイちゃんのおなかの中に入って大暴れするところだったのよ。危なかったわね。

\オイラタチ ヤラレマシター/

19

10

ウッキイ
そうだったんだ……。お水でせっけんの泡を流して……ジャー。
● 蛇口をひねって水を流すしぐさをし、泡を洗面台のポケットに入れます。

ウッキイ
お水をちゃんと止めて……。
● 蛇口をひねって水を止めるしぐさをし、ウッキイの両手を②からはずします。
バイキン魔王（表）を持ちます。

バイキン魔王
ウッキイちゃん……。
ぬれた手なんかお洋服で
サッサッサーとふいちゃえば、簡単でしょう。
ね？　お洋服でふいちゃいましょうよ！
● 手を服でふくしぐさをし、バイキン魔王を④に付けます。

ウッキイ
えーと……。
● ウッキイを持って考えるしぐさをします。

> お洋服でふいちゃいましょうよ！

11

キレイ天使
ウッキイちゃん、だまされちゃダメダメ！
きれいなハンカチやタオルでふかないと、
キレイパワーが弱くなって、
またバイキンたちが来ちゃうんだから！

ウッキイ
えっ、そうなんだ！　危なかった。
きれいなタオルで手をふいて……
さあ、ごはんだ！
● タオルを裏ポケットから出し、
手をふくしぐさをして、
タオルを裏ポケットに入れます。
● ウッキイを⑤に付けます。

> えっ、そうなんだ！

> 手をふいて…

12

「キレイパワーで飛んで行けー！」

キレイ天使
これでもう大丈夫。
バイキン魔王、
キレイパワーで飛んで行けー！
キラリーン！

● キレイ天使を持ち、魔法をかけるしぐさをします。

バイキン魔王
ワーッ！　やられたー！

● バイキン魔王を回しながら、ポケットに入れます。

13

キレイ天使
それじゃ、わたしはバイキン魔王からみんなを
助けなくちゃいけないから行くわね。
ウッキイちゃん、バイバーイ。

● ウッキイを持ちます。

ウッキイ
ありがとう、キレイ天使さん。
ぼく、これからもごはんの前には手を洗うよ。
バイバーイ。……さあ、ごはんにしようっと！

● キレイ天使をポケットに入れます。

ナレーター
みんなもごはんの前には手を洗おうね！

「ごはんの前には手を洗おうね！」

おしまい

みんなのおうち

乳児から楽しめるおはなし

対象年齢 0歳児〜
型紙・作り方は 71ページ〜

カラフルなおうちが並んでいますよ。さあ、誰のおうちでしょうか？
乳児から参加できる、あてっこ遊びが楽しいお話です。
人形は「ねんねんころりん」（24ページ〜）と共通で使います。

脚本／中谷真弓

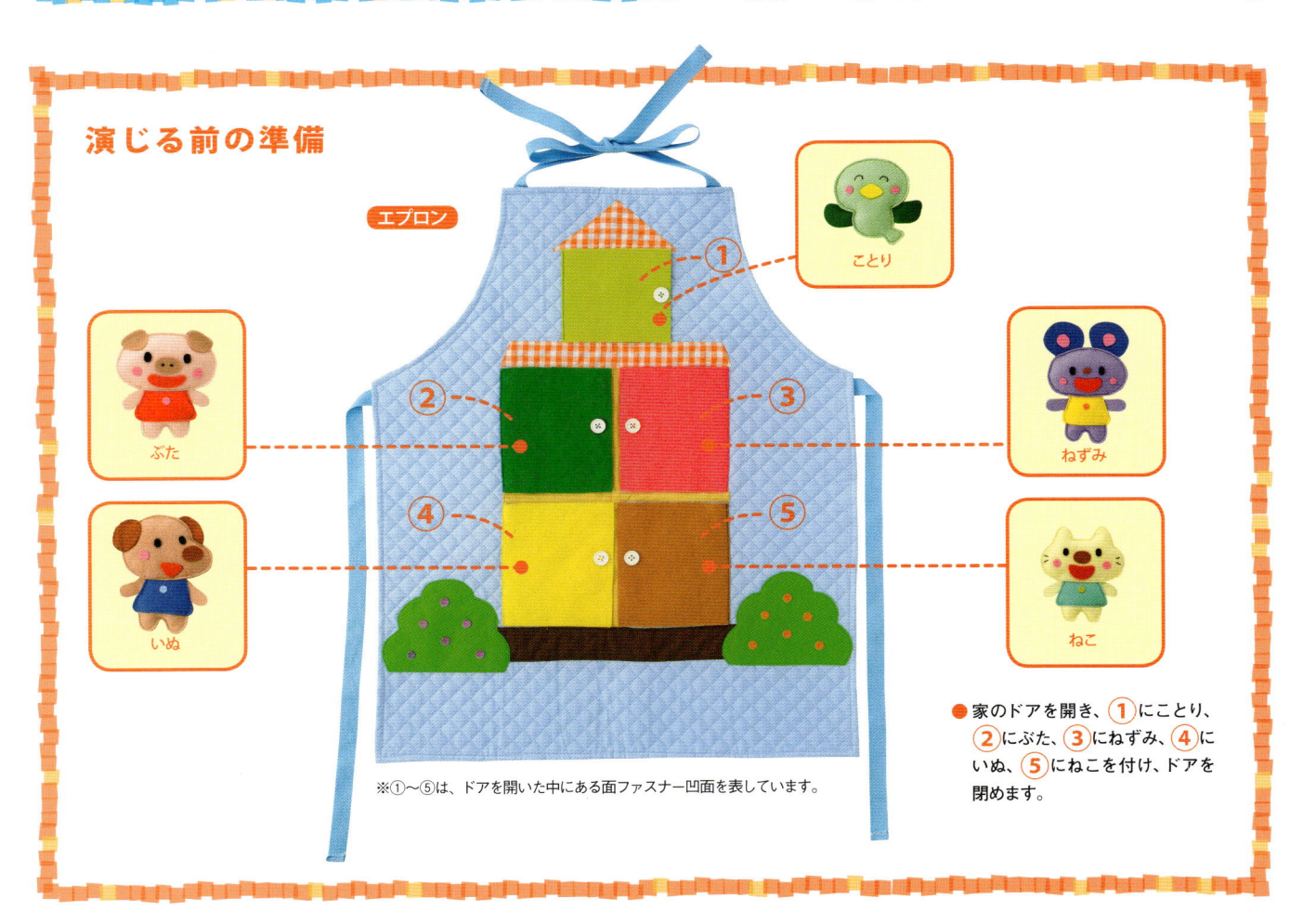

このおはなし使う人形

※ねこ、いぬ、ぶたはリバーシブルになっており、裏は眠った顔になっています。

- ねこ
- ねずみ
- いぬ
- ぶた
- ことり

演じる前の準備

エプロン

① ことり
② ぶた
③ ねずみ
④ いぬ
⑤ ねこ

※①〜⑤は、ドアを開いた中にある面ファスナー凹面を表しています。

- 家のドアを開き、①にことり、②にぶた、③にねずみ、④にいぬ、⑤にねこを付け、ドアを閉めます。

1

ナレーター

すてきなみんなのおうちができました。
誰が住んでいるのかな？
この茶色のドアのおうちには、誰がいるのかな？
みんなで、ドアをたたいてみましょう。
いっしょにトントンしてね。
● 茶色のドアを指さして、たたくしぐさをします。

ナレーターとみんな

トントントン、ごめんください。

ねこ（声）

ニャーオ。どなた？

誰がいるのかな？

ニャーーオ

トントン

2

ナレーター

今のお返事は誰かな？
● 子どもにたずねます。

ナレーター

ねこさん？　それじゃみんなで、
「ねこさーん」って呼んでみましょう。
● 子どもたちもいっしょに呼びます。

みんな

ねこさーん。

ねこさーん

3

ねこ

ニャーオ、みなさん、こんにちは。
● ドアを開けて、ねこを見せます。

みんな

こんにちは。

ナレーター

ここはねこさんのおうちだったのね。
では、こっちには誰が住んでいるのかな？
● 同様に他のドアも開けて、動物を出します。
　鳴き声や特徴などのヒントを出して、子どもたちとあてっこ遊びをしましょう。

ニャーオ、
みなさん、こんにちは

おしまい

乳児から楽しめるおはなし ねんねんころりん

対象年齢 0歳児〜
型紙・作り方は75ページ〜
脚本／中谷真弓

みんなもう寝たかな……？ おや、まだ寝ていない子がいますよ。お昼寝前にぴったりのお話。
ねこ、いぬ、ぶたは、「みんなのおうち」（22ページ〜）と同じ人形で演じます。

このおはなしで使う人形

- ねこ（表・裏）
- ぶた（表・裏）
- いぬ（表・裏）
- ぞう（表・裏）

演じる前の準備

エプロン

① ねこ（布団のポケット）
② ぶた（布団のポケット）
③ いぬ（布団のポケット）
④ ぞう（布団のポケット）

※①〜④は、面ファスナー凹面を表しています。

● 布団のポケットに、上からねこ、ぶた、いぬ、ぞうを入れます。このとき、ねこは眠った顔、ぶたは起きた顔、いぬは眠った顔で足を上に、ぞうは眠った顔が表になるように入れます。

1

「ここに寝ているのは、だあれ？」

ナレーター　お昼寝の時間ですよ。
　　　　　　　動物さんは、みんな寝たかな？
　　　　　　　ここに寝ているのは、だあれ？

● ねこを指さして子どもにたずねます。

ナレーター　そうね、ねこさんですね。
　　　　　　　よくねんねしていますね。

● ねこを布団から出して見せます。

ねこさん！

2

ナレーター　これはだあれ？

● ねこを布団に戻して、次にぶたを指さしてたずねます。

ナレーター　そうです。ぶたさんです。ぶたさん、寝てますか？
そうね、大きなおめめ、パッチリね。
ぶたさん、ねんねしましょうね。

● ぶたを布団から出して見せます。

ぶた　だって、ねむくなーい。

ナレーター　おやおや、困ったぶたさんね。では、これは誰？

これはだあれ？

ぶたさん！

大きなおめめ、パッチリね

3

● ぶたを布団に戻して、せりふに合わせていぬを引き出し、頭を上にします。

ナレーター　わかりませんね。これは足ですよ。寝相の悪い子は、
誰でしょうね？　あらあら、いぬさんでした。
いぬさん、頭はこっちですよ。でも、よーく寝ていますね。

● いぬを布団に戻して、次にぞうを指さしてたずねます。

ナレーター　この大きなお布団に寝ているのは、
だあれ？　そうです、ぞうさんですね。
ぞうさんもよく眠っています。シーッ。

● ぞうを布団から引き出し、顔を見せてから布団に戻します。

ナレーター　あら？　誰か寝てない子がいましたね。誰だっけ？

みんな　ぶたさん！

寝相の悪い子は、誰でしょうね？

いぬさんでした

Zzz.

4

● ぶたを指さします。

ナレーター　そうそう、ぶたさん、ねんねしたかな？
おやおや、まだ寝ていませんね。
では、みんなで子守歌をうたってあげましょう。

● ぶたの布団をたたきながら、子守歌をうたい、ぶたを裏返して眠った顔にします。

ナレーター　♪ねんねんころりよ　ねんころりん
ぶたさん　よい子だ　ねんねしな～

ほーら、ぶたさんも寝ましたよ。
今度は、みんながねんねする番よ。

♪ねんねんころりよ　ねんころりん
みーんな　よい子だ　ねんねしな～

おやすみなさーい。

♪ねんねんころりよ

Zzz.

おやすみなさ～い

おしまい

＜ワンポイント＞

ぶたさんが寝たあと、「さあ、みんな起きる時間ですよ」と動物たちを裏返して、眠った顔から起きた顔にして布団から出し、布団のそばの面ファスナー①～④に付けてもよいでしょう。

歌に合わせたおはなし みんなでうたおう！

対象年齢 3歳児～
型紙・作り方は77ページ～

子どももいっしょに手遊びで参加できる、歌をテーマにした楽しいお話です。
かたつむりさんは声は出ないけど……。さあ、どうするのでしょうか？

原作／阿部直美
脚本／中谷真弓

このおはなしで使う人形

あひる　おうし　ひよこ　こぶた　かたつむり

演じる前の準備

エプロン

木のポケット　ひよこ

草のポケット　かたつむり

ポケットA　あひる　こぶた

ポケットB　おうし

● かたつむりの角を後ろに折って、草のポケットに入れます。木のポケットにひよこ、ポケットAにあひるとこぶた、ポケットBにおうしを入れます。

※①～⑤は、面ファスナー凹面を表しています。

1

おや？ 誰かうたい出しましたよ

ガァガァガァ

あひるさん

| ナレーター | 緑の牧場にそよ風が吹いて、気持ちのいい日です。
おや？ 誰かうたい出しましたよ。
ガァガァってうたっているのは誰でしょう？
そう、あひるさんです。 |

● せりふに合わせて、耳に手を当てて聞くしぐさをします。
　ポケットAから、あひるを出し、子どもによく見せてから ② に付けます。

● みんなで「まきばのがっしょうだん」（1番）をうたいます。
　31ページの振付を参考に、子どももいっしょに手遊びをしましょう（以下、歌の部分はすべて同じ）。

| みんな | ♪「まきばのがっしょうだん」（1番）
そよそよそよ　はるかぜ　ふいてきた
まきばの　アヒル
こえを　ホラ　あわせて　がっしょうだ
いっしょに　うたおう
ガァ　ガァ　ガァ　ガガァ
ガァ　ガァ　ガァ　ガガァ
ガァ　ガァ　ガァ　ガァ　ガァ　ガァ　ガァ
ガァ　ガァ　ガァ |

2

| ナレーター | あひるさんの声を聞いて、やってきたのは……？ |

● ポケットBからおうしを出します。

| おうし | モゥモゥ、ぼくもうたいたいな。入れて！ |

| ナレーター | やってきたのは、うしさんです。
男の子だから、おうしです。 |

| あひる | いいよ。いっしょにうたおう。 |

● おうしを ⑤ に付けます。
● みんなで「まきばのがっしょうだん」（2番）をうたいます。

| みんな | ♪「まきばのがっしょうだん」（2番）
それそれそれ　それみて　やってきた　まきばの　おうし
こえを　ホラ　あわせて　がっしょうだ　いっしょに　うたおう
ガァ　ガァ　ガァ　ガガァ
モゥ　モゥ　モゥ　モモゥ
ガァ　ガァ　ガァ　ガァ　ガァ　ガァ　ガァ
モゥ　モゥ　モゥ |

モゥモゥ

モゥモゥモゥ

3

ナレーター　あひるさんとうしさんの声を聞いて、やってきたのは……？

● ポケットAからこぶたを出します。

こぶた　ブゥブゥ、わたしもうたいたいわ。入れて！

あひる・おうし　いいよ。いっしょにうたおう。

● こぶたを④に付けます。
● みんなで「まきばのがっしょうだん」（3番）をうたいます。

みんな　♪「まきばのがっしょうだん」（3番）
それそれそれ　それみて　やってきた
まきばの　こぶた
こえを　ホラ　あわせて　がっしょうだ
いっしょに　うたおう
ガァ　ガァ　ガァ　ガガァ
モゥ　モゥ　モゥ　モモゥ
ブゥ　ブゥ　ブゥ　ブゥ
ブゥ　ブゥ　ブゥ
ガァ　モゥ　ブゥ

こぶたさん

4

ナレーター　あひるさん、うしさん、こぶたさんの声を聞いて、やってきたのは……？

● 木のポケットからひよこを出します。

ひよこ　ピヨピヨ、ぼくもうたいたいな。入れて！

あひる・おうし・こぶた　いいよ。いっしょにうたおう。

● ひよこを③に付けます。
● みんなで「まきばのがっしょうだん」（4番）をうたいます。

みんな　♪「まきばのがっしょうだん」（4番）
それそれそれ　それみて　やってきた
まきばの　ひよこ
こえを　ホラ　あわせて　がっしょうだ
いっしょに　うたおう
ガァ　ガァ　ガァ　ガガァ
モゥ　モゥ　モゥ　モモゥ
ブゥ　ブゥ　ブゥ　ブゥ　ブゥ　ブゥ　ブゥ
ピヨ　ピヨ　ピヨ

5

ナレーター みんなのにぎやかな歌声を聞いて、
やってきたのは……かたつむりさんです。

● 草のポケットからかたつむりを出します。

ナレーター かたつむりさんも仲間に入れてほしいんだって。
でも、お歌うたえたかしら？
あのね、声は出ないけど、角なら出るよって……。
ほら、「ニョキッ」。

● 耳に手を当てて、かたつむりの話を聞くしぐさをします。
● みんなに向かって、かたつむりの角を出して見せてから、かたつむりを①に付けます。

かたつむりさん…お歌うたえたかしら？

後ろに折ったかたつむりの角を起こして出します。

みんな いいよ。そうだ、かたつむりさんは、角で指揮をしてね。

6

ナレーター そこで、かたつむりさんは角を振り振り、みんなの歌を指揮しました。

● みんなで「まきばのがっしょうだん」（5番）をうたいます。

みんな ♪「まきばのがっしょうだん」（5番）
それそれそれ　それみて　やってきた
まきばの　かたつむり
こえは　ホラ　でないが　つの　だして
いっしょに　うたおう
ガァ　ガァ　ガァ　ガガァ
モゥ　モゥ　モゥ　モモゥ
ブゥ　ブゥ　ブゥ　ブゥ　ブゥ　ブゥ　ブゥ
ピヨ　ピヨ　ピヨ
ニョキ!!

ナレーター かたつむりさんが入って、
すてきな牧場の合唱団になりました。

おしまい

まきばのがっしょうだん

作詞・作曲／阿部直美

♩=132

1. そよ そよそよ はるかぜ ふいてきた まきばの ヒール した ここえぇ
   それ それそれ みて やってき た まきばの アオこぶ ここえぇ
   それ それそれ みて やってき た まきばの ウヒよつ ここえぇ
   それ それそれ みて やってき た まきばの ひかた ここえ
   それ それそれ みて やって た まきば の かた

   を を ホラ あわせて がっしょう だ いっしょに うた おお うう
   を を ホラ あわせて がっしょう だ いっしょに うた おお うう
   を を ホラ あわせて がっしょう だ いっしょに うた おお うう
   は ホラ で ない が つの だし て いっしょに うた おお う

   ガァ ガァ ガァ ガガァ ー　　ガァ ガァ ガァ ガガァ ー
   ガァ ガァ ガァ ガガァ ー　　モゥ モゥ モゥ モモゥ ー
   ガァ ガァ ガァ ガガァ ー　　モゥ モゥ モゥ モモゥ ー
   ガァ ガァ ガァ ガガァ ー　　モゥ モゥ モゥ モモゥ ー
   ガァ ガァ ガァ ガガァ ー　　モゥ モゥ モゥ モモゥ ー

   【1.2.3.4.】　　　　　　　　　　　【5.】
   ガァガァガァガァ ガァガァガァ ガァ ガァ ガァー　2.それ
   ガァガァガァガァ ガァガァガァ モゥ モゥ モゥー　3.それ
   ブゥブゥブゥブゥ ブゥブゥブゥ ガァ モゥ ブゥー　4.それ
   ブゥブゥブゥブゥ ブゥブゥブゥ ピヨ ピヨ ピヨ　5.それ
   ブゥブゥブゥブゥ ブゥブゥブゥ ピヨ ピヨ　　　　ピヨ　ニョキ！！

♪まきばのがっしょうだん　手遊び

エプロンシアターに入る前に、みんなで手遊びをして遊んでみましょう。

振付／阿部直美

1番

1 そよそよそよよ
はるかぜふいてきた

拍手する。

2 まきばの

両手を胸の前で交差させる。

3 アヒル

右手を曲げ、ひじに左手を添えてあひるの形を作り、手首を前後に動かす。

4 こえを　ホラ　あわせて
がっしょうだ　いっしょに
うたおう

①・②・③と同じ動きを繰り返す。

5 ガァガァガァガァガァ
ガァガァガァガァガァ
ガァガァガァガァ
ガァガァガァ

あひるの手の形で左右に自由に動かす。

6 ガァ　ガァ　ガァ

あひるの手の形で、大きく前に3回動かす。

2～5番は1番に準じます。ただし、動物の名前と鳴き声の部分は下記のように変えて遊びます。

2番

「おうし」
「モゥモゥ…」

両手の人さし指を頭につけて、うしの角を表現する。

3番

「こぶた」
「ブゥブゥ…」

両手で鼻の形を作って、ぶたを表現する。

4番

「ひよこ」
「ピヨピヨ…」

羽ばたくように両手を動かして、ひよこを表現する。

5番

「かたつむり」
「ニョキ!!」

右手をチョキ、左手をグーにして重ねて、かたつむりを作る。

冒険のおはなし 迷子のチャッピー

対象年齢 3歳児〜
型紙・作り方は83ページ〜

くらげやくじらなど、海の仲間たちがたくさん登場するお話です。
海の仲間たちの表現は、子どもたちといっしょに演じてみましょう。

脚本／中谷真弓

このおはなしで使う人形

チャッピー　くらげ　かに　ふぐ
さめ　くじら　魚の群れ

演じる前の準備

エプロン

岩のポケットA：くらげ
岩のポケット大：かに
岩のポケットB：ふぐ／チャッピー
裏ポケット：くじら／さめ／魚の群れ

● 裏ポケットにくじら、さめ、魚の群れを入れます。岩のポケットAにくらげ、岩のポケット大にかに、岩のポケットBにふぐとチャッピーを入れます。

※①〜⑥は、面ファスナー凹面を表しています。

32

1

ナレーター

広い海には魚だけではなく、
いろいろな生き物が住んでいます。
フワフワ泳ぐ白いのは誰？
そうです！　くらげさんです。
こんなふうにカサを広げて、フワフワと泳ぎます。
あれ？　フワフワ泳いで行ってしまいましたよ。

● 岩のポケットAからくらげを出し、
　④に付けたら、手でくらげが泳ぐ様子を表現し、
　岩のポケットBに入れます。

「フワフワ泳ぐ白いのは誰？」

フワフワ〜

2

「踊りながら行きましたよ」

「誰かな？」

ナレーター

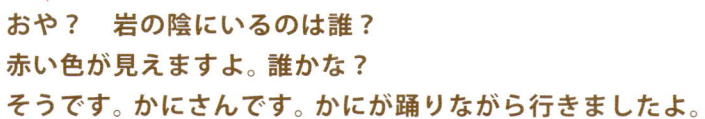

おや？　岩の陰にいるのは誰？
赤い色が見えますよ。誰かな？
そうです。かにさんです。かにが踊りながら行きましたよ。

● 岩のポケット大からかにを出し、⑥に付けて、かにを表現します。
　そして、かにを岩のポケット大に入れます。

3

\次にやってきたのは?/

🔴 ナレーター

次にやってきたのは？
ふぐです。お口をパクパクさせながら泳いでいます。

● 岩のポケットBからふぐを出し、⑤に付けてから、
  両手でふぐの口を作って動かします。

ふぐです

パクパク

迷子の
お魚さんかな？

4

みんなと
はぐれちゃったよー

🔴 ナレーター

小さな魚もやってきました。
おや……？　1匹だけです。
迷子のお魚さんかな？

● チャッピーを岩のポケットBから出します。

🔴 チャッピー

ぼくチャッピー！　みんなとはぐれちゃったよー。
みんなは、どこに行ったのかなあ？

● チャッピーを③に付けます。

5

ナレーター

そこへ……、海のギャングがやってきました。
- 裏ポケットからさめを出し、②に付けます。

ふぐ

さめだ！　みんな逃げろ！
- ふぐを岩のポケットBに入れます。

チャッピー

わーん、怖いよー！

こんぶ

早く、早く、ぼくたちの中に隠れてー！
- こんぶを持って前後に揺らします。

チャッピー

ありがとう！
- チャッピーをこんぶの間に挟みます。

さめ

おかしいな？　この辺りにうまそうな魚がいたのに……。
あれ？　こっちかな？　あっちかな？
- さめを持ってウロウロ探すしぐさをしてから、②に付けます。

6

🔶 **ナレーター**

そこへ現れたのは……。
● 裏ポケットからくじらを出し、上下に揺らします。
　さめを持ちます。

🔷 **くじら**

やあ、さめくん。なにか探しているの？

なにか探しているの？

🔷 **さめ**

あ、あ、べ、別に……。
くじらじゃかなわん！　逃げろー！
● くじらを①に付け、さめが慌てて逃げる様子を表現し、
　裏ポケットに入れます。

🔶 **ナレーター**

くじらはザブンザブンと泳いで行ってしまいました。
● くじらを両手で持ち、大きく上下に動かしながら、ナレーターは
　その場でくるっとひと回りし、くじらを裏ポケットに入れます。

逃げろー！

泳いで行ってしまいました

くるっ

さめもくじらも行っちゃったよ！

7

🟢 **こんぶ**

お魚さん、さめもくじらも行っちゃったよ！
● こんぶを持ち、チャッピーを出して③に付けます。

🟡 **チャッピー**

ああ、よかった。
でも、みんなはどこにいるのかな？

みんなはどこにいるのかな？

8

> おーい！
> チャッピーちゃーん！

> ナレーター

そのとき、お魚の群れがやってきました。
● 裏ポケットから魚の群れを出します。

> 魚の群れ

おーい！　チャッピーちゃーん！
● 魚の群れを①に付けます。

> チャッピー

あっ！みんなが探しに来てくれたよ。
● 魚の群れにチャッピーを付けます。

> こんぶ

よかったね。バイバーイ！

> ナレーター

岩の陰から、くらげやかにたちも出てきて、小さい魚のチャッピーに手を振りました。チャッピー、みんなに会えてよかったね！

● くらげを④、ふぐを③、かにを⑥に付け、手を振ります。
　チャッピーを付けたまま、魚の群れを持って揺らします。

> みんなに会えて
> よかったね！

おしまい

日本の民話 もちつきこばん

対象年齢 3歳児～

型紙・作り方は89ページ～

ねずみがペッタン、ペッタンおもちつき。するとチャリン、チャリンと小判が出てきて……。
親しみやすい、昔話のエプロンシアターです。リズミカルに演じてみましょう。

脚本／中谷真弓

このおはなしで使う人形

ねこ / ご助 / いぬ / にわとり / うま / 長者

（表）森（お堂） → （裏）森（ねずみと臼）

小判

演じる前の準備

ポケットA：ご助、いぬ、にわとり、うま

エプロン
- ① 草のポケット
- ② 森（裏）ねずみと臼／臼のポケット 小判
- ③
- 木のポケット：ねこ
- ポケットB：長者
- ④ ⑤ ⑥

●ポケットAに、ご助、いぬ、にわとり、うまを、ポケットBに長者を、木のポケットにねこを入れ、森を表側にして、胸の面ファスナー①②に付けます。

※①～⑥は、面ファスナー凹面を表しています。

1

● ポケットAからご助を出します。

ナレーター

昔、貧乏だけど、
動物をかわいがる心の優しい男がおりました。
名前をご助といいました。
ある日、ご助が森の中にあるお堂の前を通りかかると、
「ペッタン、ペッタン、チャリン、チャリン」
という音が聞こえました。

ご助

おや？　なんだろう？

> おや？なんだろう？

チャリンチャリン

ペッタンペッタン

2

ナレーター

そーっとのぞいて見ると……、
ねずみがおもちをついていました。

● 木のポケットにご助を挟み、
森（表）を裏返してねずみと臼を表にし、①②に付けます。

> ねずみがおもちをついていました

そーっと

ペッタンペッタン

3

ナレーター

なんと、ねずみがおもちをつくたびに、
小判が出てくるではありませんか！
ペッタン、ペッタン、チャリン、チャリン。

● 臼のポケットから小判を1枚ずつ出します。
小判は、1組のうちの1枚を出して糸を臼のふちにかけ、
残りの1枚は臼の中に残しておきます。

4

ねずみ1

おもちができたよ。
だけど、この金色の物はなんだろう？
硬くて食べられないや。

● 臼から小判を1組出して、かじるしぐさをします。

ねずみ2

食べられないものなら、いらないよ。
それは捨てて行こう。

● 出てきた小判を草のポケットに入れます。

ナレーター

ねずみは、小判を置いて、
もちと臼を持って帰って行きました。

● 森（裏）を裏返してお堂を表にし、①②に付けます。

> 硬くて食べられないや

> 捨てて行こう

5

> ありがたい！拾って行こう

● ご助と小判を持ちます。

ご助

おやおや。こんなに小判がたくさん……。
ありがたい！ 拾って行こう。

ナレーター

ご助は小判が手に入ったので……。

6

ご助 ― さあ、みんなおいで。きょうはごちそうだよ。

● ご助を③に付け、小判をポケットAに入れます。

いぬ ― ワンワン、ごちそうだって？
どうしたんですか？　ご助さん！

● ポケットAからいぬを出し、④に付けます。

にわとり ― コッコッコ、ごちそうですって？

● ポケットAからにわとりを出し、⑤に付けます。

うま ― ヒヒーン、ごちそう、ごちそう！
うれしいね。

● ポケットAからうまを出し、⑥に付けます。

ご助 ― こういうわけで小判を拾ったんだ。
おかげで金持ちになったから、
これからはお前たちにひもじい思いは
させないよ！　ありがたいことだ。

● ご助、いぬ、にわとり、うまをポケットAに入れます。

> きょうは
> ごちそうだよ

> みんな
> おいでー！

ワンワン　コッコッコ　ヒヒーン

> ひもじい思いは
> させないよ

7

● ポケットBから
長者を出します。

ナレーター

これを聞きつけたのが、欲深な長者どんです。

長者

なになに……ねずみがもちをついておったと……。
ふむふむ……つくたびに臼から小判が
チャリン、チャリンと……それで金持ちになったとな。
よーし、わしも小判を拾いに行ってこよう。

> わしも小判を
> 拾いに行ってこよう

8

🔸 **ナレーター**

欲深な長者どんは、
お堂のところへやってきました。
耳を澄ますと
「ペッタン、ペッタン、チャリン、チャリン」と
聞こえてきます。

● 耳を澄ますしぐさをします。

チャリン チャリン

ペッタン ペッタン

おっ、いたぞ、いたぞ…

9

🔸 **長者**

のぞいてみよう。
おっ、いたぞ、いたぞ……。

● 木のポケットに長者を挟み、森（表）を裏返してねずみ と臼を表にします。

🔹 **ねずみ１**

ペッタン、チュウ、チャリン。
ポッタン、チュウ、チャリン。

🔸 **長者**

ウシシ……。小判が出てきたぞ。
もっと出せ、もっと出せ。

● 臼のポケットから小判を出して、臼のふちに小判の 糸を引っかけます。

ウシシ…

10

「ゴロニャーオ」

ナレーター　長者どんは、見ているうちに、もっともっと小判が欲しくなりました。

長者　おお、そうだ！　あの臼ときねさえ手に入れば、好きなだけ小判を出して大金持ちになれるぞ！
そうだ……、ねこの鳴きまねをして、ねずみを追っ払おう。へへへ……。
ゴロニャーオ、ゴロニャーオ、ゴロニャーオ！！

11

「ねこになっちゃったよう…」

ナレーター　すると、どうでしょう。ねこの鳴きまねをしたとたん……。
● 長者を木のポケットに入れ、木のポケットからねこを出します。

長者　ワーン、ねこになっちゃったよう……。

12

「長者どんは、ねこになってしまいましたとさ」

● ねこを③に付けます。森（裏）を裏返してお堂を表にし、①②に付けます。

ナレーター　欲深な長者どんは、ねこになってしまいましたとさ。

おしまい

世界の名作 ブレーメンに行こう！

対象年齢 3歳児〜

型紙・作り方は 97ページ〜

動物たちがブレーメンを目指して歩いていると、一軒のおうちがありました。
そこには泥棒が住んでいて……。ドキドキの展開やしかけが楽しいお話です。

脚本／中谷真弓

このおはなしで使う人形

ろば　いぬ　ねこ　にわとり　泥棒の親分　泥棒の子分　おばけ

演じる前の準備

ポケットA
- ろば
- いぬ
- ねこ
- にわとり

エプロン

戸棚を開けると…

家を開くと…

ポケットB

※①〜⑬は、面ファスナー凹面を表しています。

- 家の中の⑪に泥棒の子分、⑫に親分を付けて閉じます。おばけをたたんで、ポケットBに入れます。ろば、いぬ、ねこ、にわとりをポケットAに入れます。

44

1

● ポケットAからろばを出して持ちます。

ナレーター 昔々、年をとったろばがいました。

ろば 若いときは一生懸命働いたよ。
これからは、楽しいことをして過ごしたいなあ……。
そうだ！ ブレーメンに行って、音楽隊に入ろう。
ララララン、ララララン……。

● ろばを持って、左右に振りながらひと回りし、ブレーメンに向かう様子を表現します。

＜ブレーメンに行って、音楽隊に入ろう＞

2

ナレーター ろばがブレーメンに向かって歩いて行くと……、
いぬに会いました。

● ポケットAからいぬを出します。

いぬ ろばさん、楽しそうだね。どこへ行くんだい？

ろば ブレーメンに行って、音楽隊に入るんだ。

いぬ それはいいなあ。ぼくも連れてって！

ろば いいよ。いっしょに行こう！
ララララン、ララララン……。

● ろばを⑥、いぬを⑦に付け、エプロンを左右に振ります。

＜いいよ。いっしょに行こう！＞

3

ナレーター ろばといぬが歩いて行くと……、
ねこに会いました。

● ポケットAからねこを出します。

ねこ ろばさん、いぬさん、楽しそうですね。
どこに行くんですか？

● ろばを持ちます。

ろば ブレーメンに行って、音楽隊に入るんだ。

ねこ それはいいわね。わたしも連れてって！

ろば いいよ。いっしょに行こう！
ララララン、ララララン……。

● ろばを⑥、ねこを⑨に付け、エプロンを左右に振ります。

＼どこに行くんですか？／

4

ナレーター ろばといぬとねこが歩いて行くと……、にわとりに会いました。

● ポケットAからにわとりを出します。

にわとり ろばさん、いぬさん、ねこさん、楽しそうですね。
どこに行くんですか？

● ろばを持ちます。

ろば ブレーメンに行って、音楽隊に入るんだ。

にわとり それはいいなあ。ぼくも連れてって！

ろば いいよ。いっしょに行こう！

● ろばを⑥、にわとりを⑧に付けます。
49ページの振付を参考に、歌に合わせてエプロンを左右に振ります。

ナレーター ♪「みんなでオウ！の歌」
ラララララン　ラララララン
ブレーメンに　いって　おんがくたいに　はいろうよ
みんなで　みんなで　オウ　おんがくかい　オーッ

♪ブレーメンに いって おんがくたいに はいろうよ♪

ぼくも連れてって‼

5

あの家に泊めてもらおう

ナレーター 歩いているうちに夜になりました。

ろば あそこに家がある。
今夜は、あの家に泊めてもらおう。

● 家を指さします。

ナレーター そっと、のぞいてみると……。
その家は、泥棒の隠れ家でした。

● 家を開きます。

泥棒の親分 ワッハッハッハ、今日もうまくいったぜ。
お宝がどっさり！
笑いが止まらん。ワッハッハッ。

● 戸棚を開き、金貨の袋を見せて閉めます。家を閉じます。

お宝がどっさり

6

- ろばを持ちます。ろばのせりふに合わせて、ろばを⑤、いぬを④、ねこを③、にわとりを②に付けます。

ろば　わっ、泥棒の家だ！　どうしよう！　ブルブル……。
そうだ！　みんなで力を合わせて泥棒を追い払おう。
ぼくの背中にいぬさんが乗って、いぬさんの上にねこさんが乗って、
ねこさんの上ににわとりさんが乗るんだ！
そして1、2、3で、こわ～い声を出すんだ。
用意はいいかい？　いくよ。1、2、3……。

動物たち　ビビーン、
ヴァンヴァン、
ニャーゴ、
ゴゲゴッゴ～。

> こわ～い声を出すんだ。用意はいいかい？ いくよ
>
> 1、2、3…

ビビーン
ヴァンヴァン
ニャーゴ
ゴゲゴッゴ～

> ん？ な、なんだか、気持ちの悪い声が聞こえたぞ……

7

おおばけ～。助けてくれ～

- 家を開き、親分を持って聞くしぐさをします。

泥棒の親分　ん？　な、なんだか、
気持ちの悪い声が聞こえたぞ……。
気のせいかなあ？

泥棒の子分　ちょっと、見てきます。

- 親分を⑫に付け、子分を持ってひと回りします。

動物たち　ビビ～ン、ヴァンヴァ～ン、ニャーゴ～、ゴゲゴッゴ～。

- ポケットBからおばけを引き出し、揺らします。

泥棒の子分　わーっ！　お、おばけ～。助けてくれー。

- おばけを①に付け、子分をポケットAに入れます。

泥棒の親分　あれ？　どうしたんだ？　帰って来ないぞ。おかしいな？

- 親分を持ってひと回りします。

47

8

ナレーター	そのときです……。
動物たち	ビビ〜ン、ヴァンヴァ〜ン、ニャーゴ〜、ゴゲゴッゴ〜。

● おばけの頭を持って揺らし、①に付けます。

泥棒の親分	わあっ！ おばけだー、た、助けてくれー。

● 親分が驚いて逃げる様子を表現し、ひと回りしてからポケットAに入れます。

ナレーター	泥棒たちは逃げて行ってしまいました。

● おばけをポケットBに入れる。

9

● 動物たちのせりふに合わせて、にわとりを⑪、ねこを⑩、いぬを⑫、ろばを⑬に付けます。

にわとり	やったー！ コケコッコ〜！ ぼくたちのことを、本物のおばけだと思ったんだね。
ねこ	あったかいおうちだニャーオ！
いぬ	食べ物もたくさんあるワン！
ろば	そうだ！ ここで楽しく音楽会をして暮らそうよ。
動物たち	それはいいね。そうしよう！ そうしよう！
ナレーター	それから、ろば、いぬ、ねこ、にわとりは、 ブレーメンには行かずに、 そこで楽しく暮らしたということです。

おしまい

みんなでオウ！の歌

作詞・作曲・振付／阿部直美

♩=120

ラ ラ ラ ラン　ラ ラ ラ ラン　ブ レ ー メ ン に
い って お ん が く た い に　は い ろ うー よ　みん
な で　みん な で　オウ　おん がー く かい　オーッ

振付

1
ララララン…
ブレーメンにいって

エプロンの両端を持って左右に振る。

2
おんがくたいに
はいろうよ

足踏みしながら拍手をする。

3
みんなで…
おんがくかい

両手を頭の上に上げ、左右に大きく振る。

4
オーッ

左手を下ろし、右手をグーにして上に突き上げる。

基本のエプロンの作り方

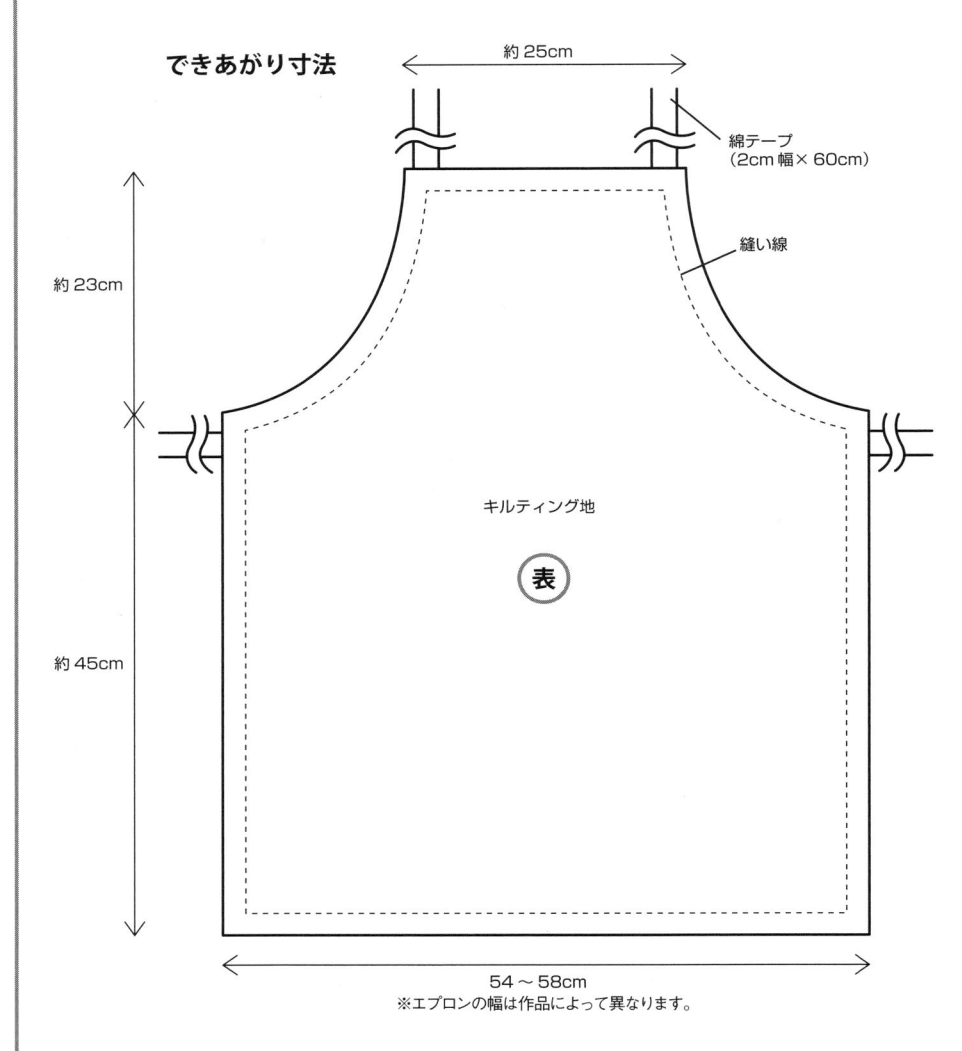

できあがり寸法

- 約25cm
- 綿テープ（2cm幅×60cm）
- 縫い線
- 約23cm
- キルティング地 表
- 約45cm
- 54〜58cm
- ※エプロンの幅は作品によって異なります。

エプロンの材料

◎キルティング地の布
70cm×60cm（キルティング地のポケットを付ける場合には、これ以外にポケット分の布が必要です）

◎綿テープ
240cm（肩ひも60cm×2本、腰ひも60cm×2本）

作り方

① できあがり寸法に、縫い代を1〜1.5cm加えて布地を裁つ。
② まわりをほつれ止めする。→ 図1
③ 縫い代分を後ろへ折り、まわりを縫う。→ 図2
④ 綿テープを4等分に切り、肩、脇に縫い付ける。綿テープの端は三つ折りにして縫う。→ 図3

【エプロンシアター用エプロンについて】
ベースのエプロンは、キルティング地を使って作るのがおすすめです。キルティング地は張りがあるので、シアター部分を大きく見せることができ、演じやすいのが特長です。

※市販のエプロンを利用する場合、張りのある、しっかりとした布製のものを選んでください。

図1 ほつれ止め
- ジグザグミシンでかがる
- 端ミシンをかける
- 手でかがる

図2 縫い代の始末
縫い線／裏

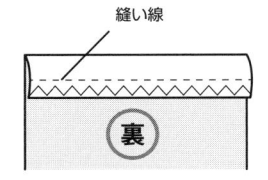

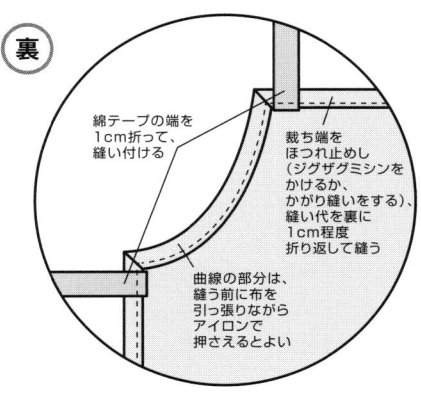

図3 綿テープの端の始末
端を三つ折りにして縫う

裏
- 綿テープの端を1cm折って、縫い付ける
- 裁ち端をほつれ止めし（ジグザグミシンをかけるか、かがり縫いをする）、縫い代を裏に1cm程度折り返して縫う
- 曲線の部分は、縫う前に布を引っ張りながらアイロンで押さえるとよい

すてきなお誕生会

型紙＆作り方

おはなし＆演じ方は6〜9ページ

エプロンの材料
キルティング地の布、木綿地の布、綿テープ、面ファスナー、フェルト、刺しゅう糸

人形の材料
フェルト、面ファスナー、綿、チェック柄の布、ガーランドリボン、波テープ、レース、リボン、刺しゅう糸

※サイズは、できあがり寸法です。キルティング地の布、木綿地の布は、できあがり寸法に縫い代1〜1.5cmを加えて裁ちます。
※面ファスナーの位置は、人形を置いて決めるとよいでしょう。
※特に記載のない場合は、接着剤で貼ります。
※人形を作る際は、手でかがっても、ミシンで縫ってもどちらでもOKです。

エプロン　作り方

表

- 22cm
- 綿テープ（2cm幅×60cm）
- 家を作って縫い付ける
- かがり縫いをする
- 24cm
- 44cm
- 22cm
- 30cm
- 57cm
- 綿テープ（2cm幅×60cm）
- ポケット（木綿地の布）を縫い付ける
- ⌒…面ファスナー凹面を縫い付ける

〈家を開けたところ〉

■ …面ファスナー凸面を縫い付ける
⌒ …面ファスナー凹面を縫い付ける

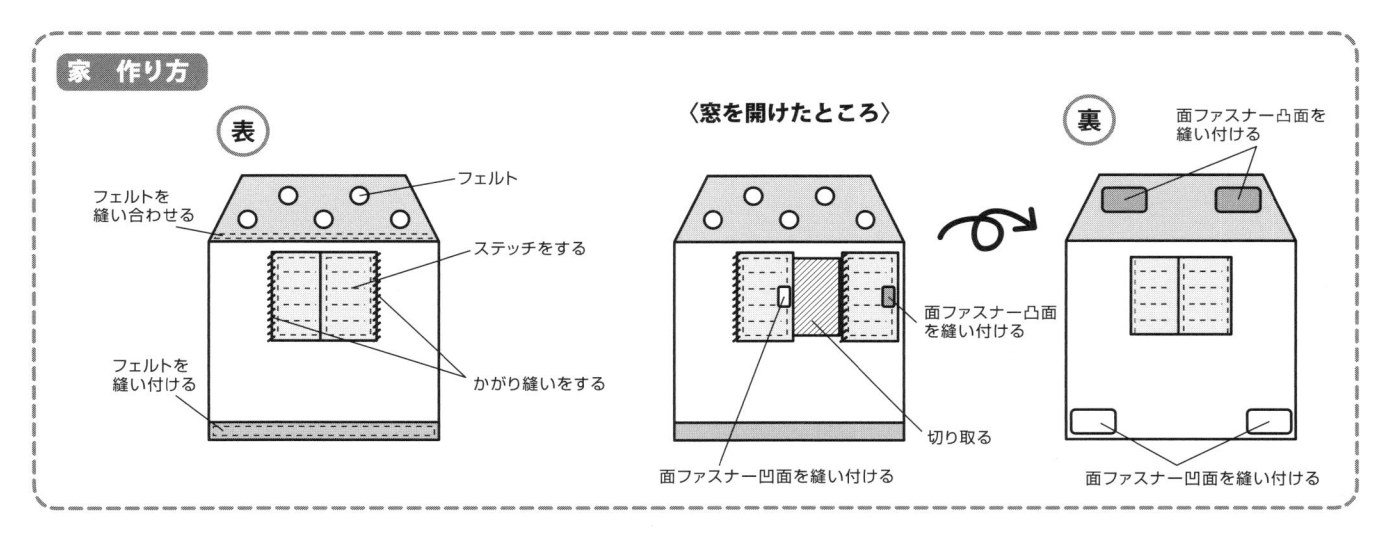

200%に拡大コピー

[家 型紙]

[窓 型紙]
※窓は、2枚裁ちます。

切り取る

[草 型紙]

家 作り方

表
- フェルトを縫い合わせる
- フェルト
- ステッチをする
- かがり縫いをする
- フェルトを縫い付ける

〈窓を開けたところ〉
- 面ファスナー凸面を縫い付ける
- 切り取る
- 面ファスナー凹面を縫い付ける

裏
- 面ファスナー凸面を縫い付ける
- 面ファスナー凹面を縫い付ける

ケーキ 作り方

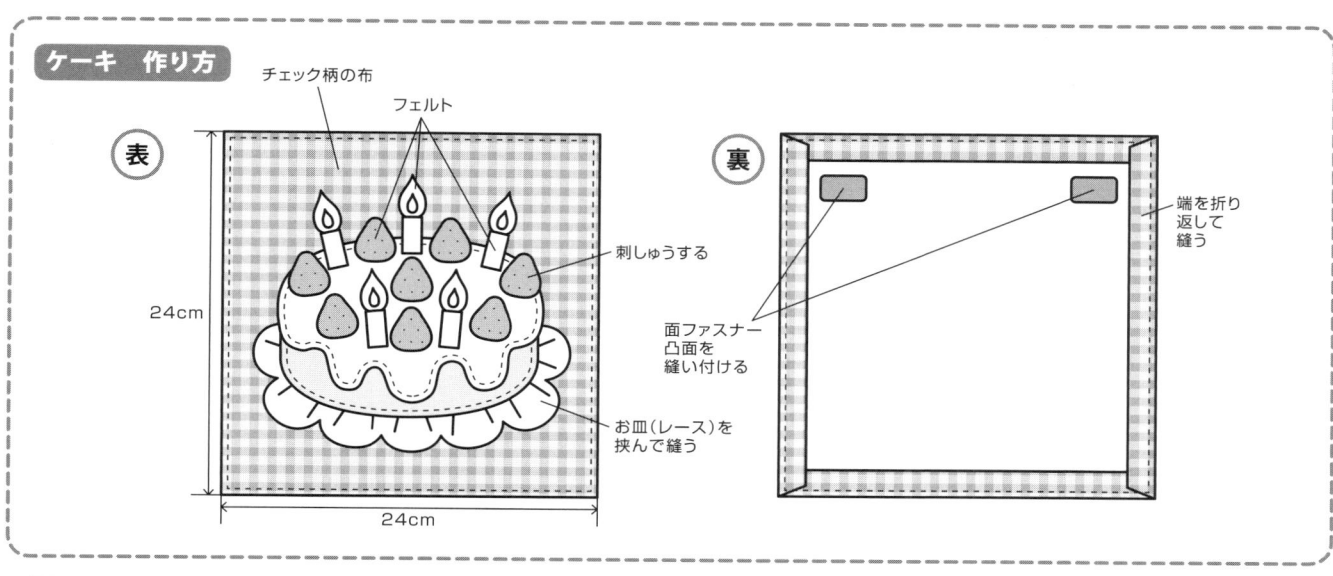

表
- チェック柄の布
- フェルト
- 24cm × 24cm
- 刺しゅうする
- お皿（レース）を挟んで縫う

裏
- 端を折り返して縫う
- 面ファスナー凸面を縫い付ける

プレゼント 作り方

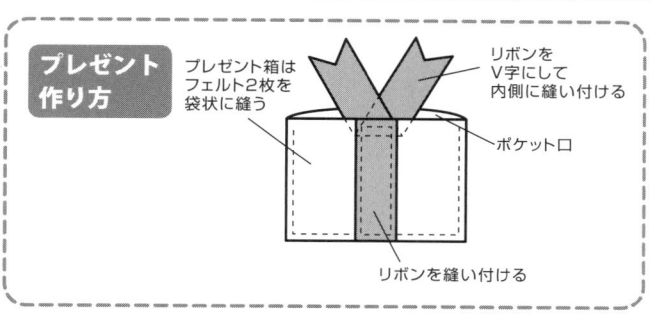

- プレゼント箱はフェルト2枚を袋状に縫う
- リボンをV字にして内側に縫い付ける
- ポケット口
- リボンを縫い付ける

花の冠 作り方

※面ファスナー凸面の裏に花の飾りを貼ります。
- 面ファスナー凸面
- ガーランドリボンまたはフェルトを貼る

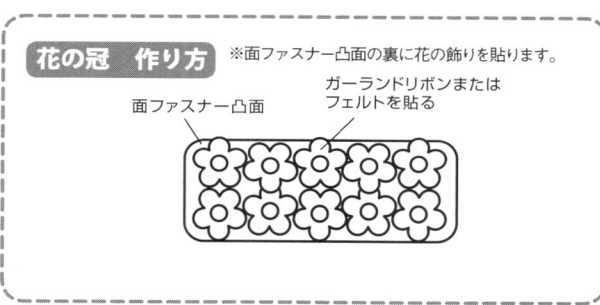

250%に拡大コピー

ケーキ 型紙

花の冠 型紙
※写真のように、ガーランドリボンで作ってもきれいです。

プレゼント 型紙

53

実寸型紙　ピッキー　型紙

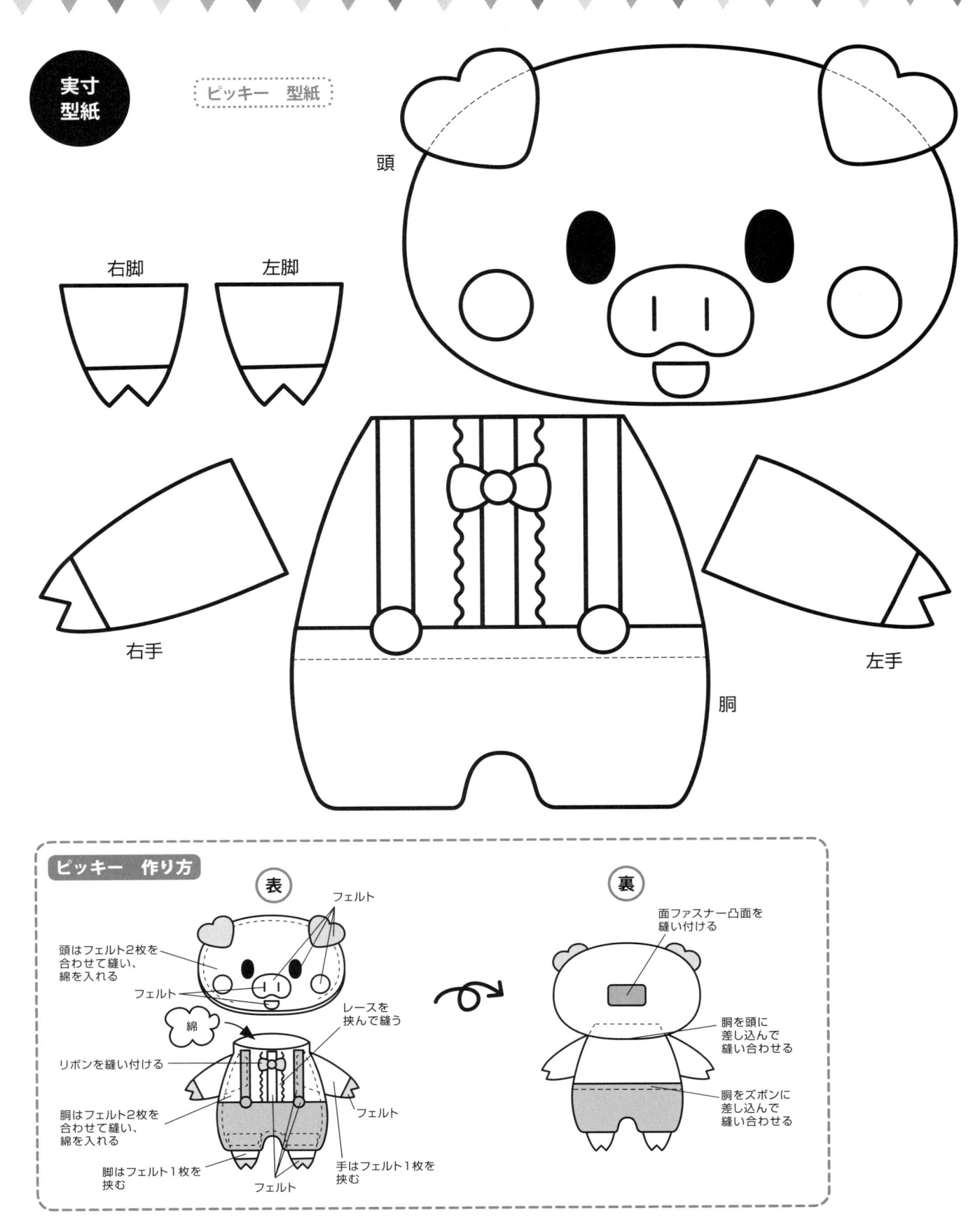

頭

右脚　左脚

右手　左手

胴

ピッキー　作り方

表

フェルト

頭はフェルト2枚を合わせて縫い、綿を入れる

フェルト

綿

レースを挟んで縫う

リボンを縫い付ける

胴はフェルト2枚を合わせて縫い、綿を入れる

フェルト

脚はフェルト1枚を挟む

フェルト

手はフェルト1枚を挟む

裏

面ファスナー凸面を縫い付ける

胴を頭に差し込んで縫い合わせる

胴をズボンに差し込んで縫い合わせる

実寸型紙

パール 型紙

頭

右脚　左脚

右手　左手

胴

パール 作り方

※頭と胴の作り方は、ピッキーと同様です。

面ファスナー凹面をリボンの形に切り、縫い付ける

まつ毛は刺しゅうする

レースを縫い付ける

実寸型紙　くま 型紙

頭
右脚　左脚
胴
左手
右手
模様

くま 作り方
※頭と胴の作り方は、ピッキーと同様です。

- 耳はフェルト1枚を挟む
- 頭はフェルト2枚を合わせて縫い、綿を入れる
- フェルト
- 手足はフェルト1枚を挟む
- フェルト

〈マック〉
- たいこの裏側に刺しゅう糸を2本縫い付け、首の後ろで結ぶ
- たいこのばちを手に縫い付ける
- たいこを胴に縫い付ける

〈ミック〉
- 刺しゅう糸
- 手を胴に縫い付ける
- 波テープを縫い付ける

〈ムック〉
- ラッパを手と胴に縫い付ける
- タンバリンを手と胴に縫い付ける

実寸型紙

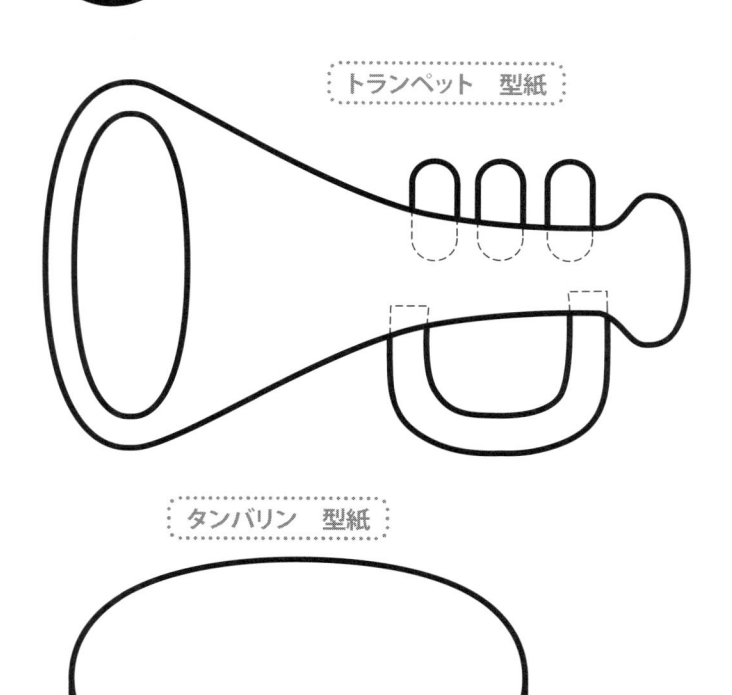

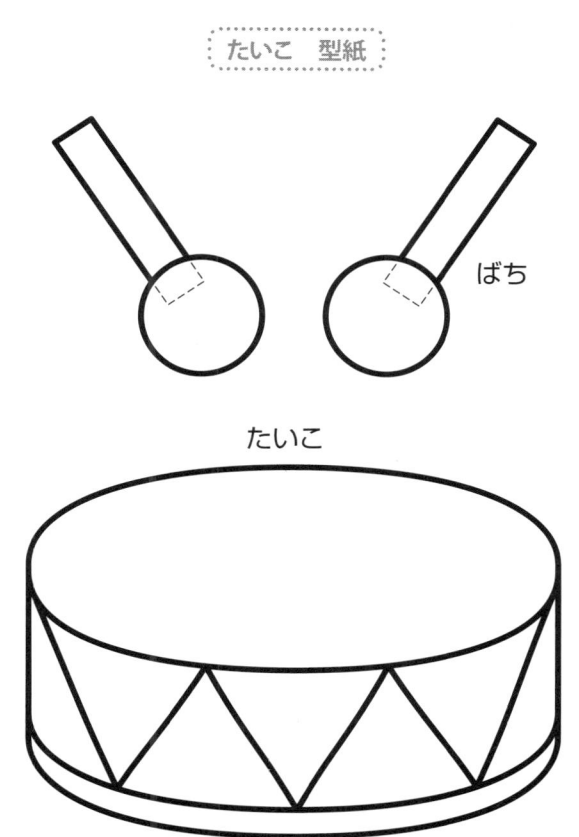

トランペット 型紙

たいこ 型紙

ばち

タンバリン 型紙

たいこ

トランペット 作り方

- フェルト
- フェルト2枚を合わせて縫う
- フェルト1枚を挟む

タンバリン 作り方

- フェルト2枚を合わせて縫う
- フェルト

たいこ 作り方

- フェルト2枚を合わせて縫う
- フェルト
- フェルト

はたけのカーニバル 型紙&作り方

おはなし&演じ方は 10〜15ページ

エプロンの材料
キルティング地の布、木綿地の布、綿テープ、面ファスナー、ナイロン地の布、フェルト、サテンリボン、スパンコールブレード

人形の材料
フェルト、ラメ入りフェルト、面ファスナー、綿、ゴム、鳥の羽根、ナイロン地の布、スパンコール、ビーズ、ビニール糸、刺しゅう糸
※材料のラメ入りフェルトやスパンコールは、同じ物が手に入らない場合、自由に工夫してください。

小道具（帽子）の材料
カラー工作用紙、色画用紙、キラキラした紙、輪ゴム

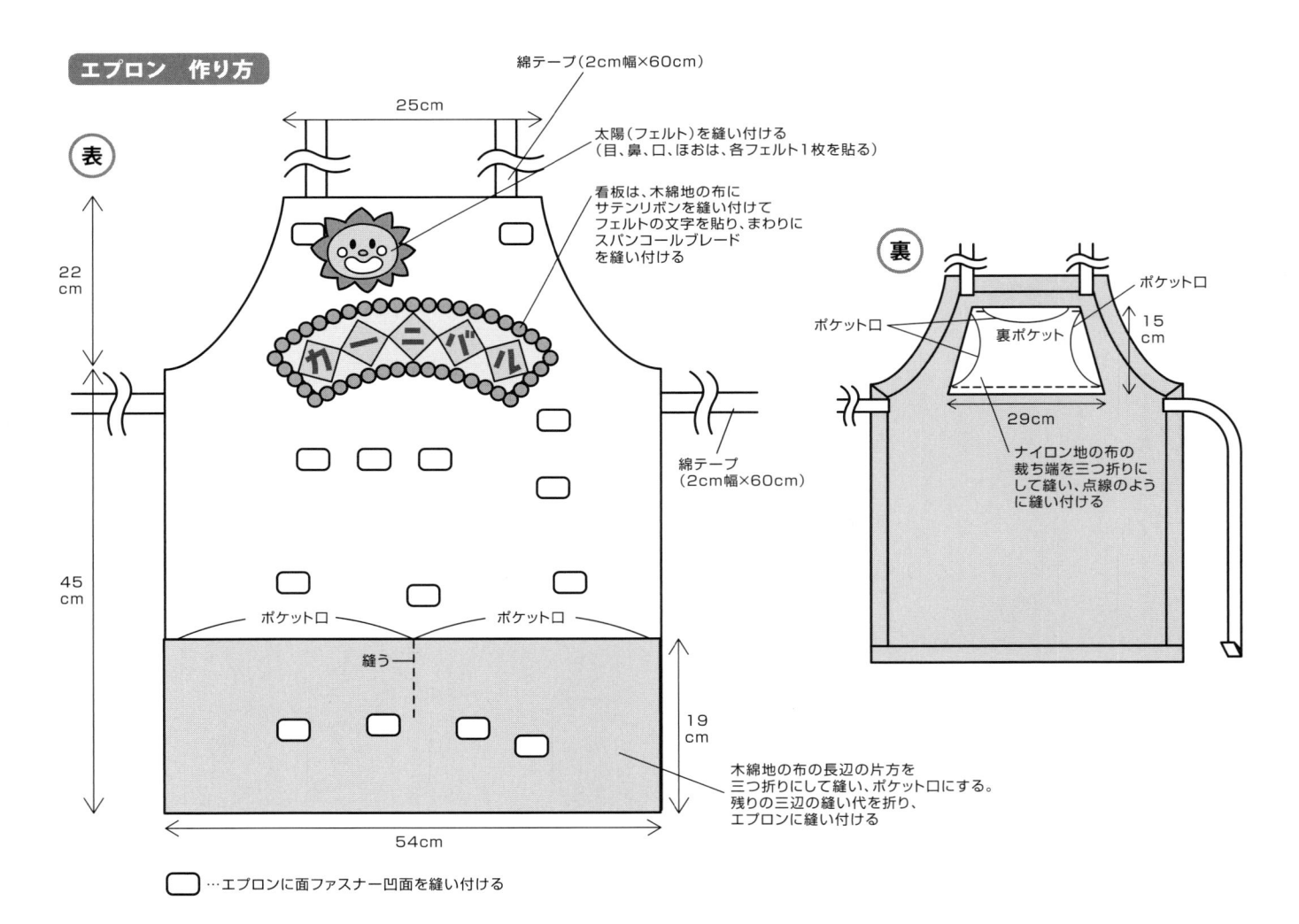

※サイズは、できあがり寸法です。キルティング地の布、木綿地の布、ナイロン地の布は、できあがり寸法に縫い代1〜1.5cmを加えて裁ちます。
※面ファスナーの位置は、人形を置いて決めるとよいでしょう。
※特に記載のない場合は、接着剤で貼ります。
※人形を作る際は、手でかがっても、ミシンで縫ってもどちらでもOKです。

エプロン 作り方

表

- 25cm
- 22cm
- 45cm
- 19cm
- 54cm

綿テープ（2cm幅×60cm）

太陽（フェルト）を縫い付ける
（目、鼻、口、ほおは、各フェルト1枚を貼る）

看板は、木綿地の布にサテンリボンを縫い付けてフェルトの文字を貼り、まわりにスパンコールブレードを縫い付ける

綿テープ（2cm幅×60cm）

ポケット口
縫う

木綿地の布の長辺の片方を三つ折りにして縫い、ポケット口にする。残りの三辺の縫い代を折り、エプロンに縫い付ける

☐ …エプロンに面ファスナー凹面を縫い付ける

裏

- ポケット口
- 裏ポケット
- 15cm
- 29cm

ナイロン地の布の裁ち端を三つ折りにして縫い、点線のように縫い付ける

実寸型紙

太陽 型紙

200%に拡大コピー

看板 型紙

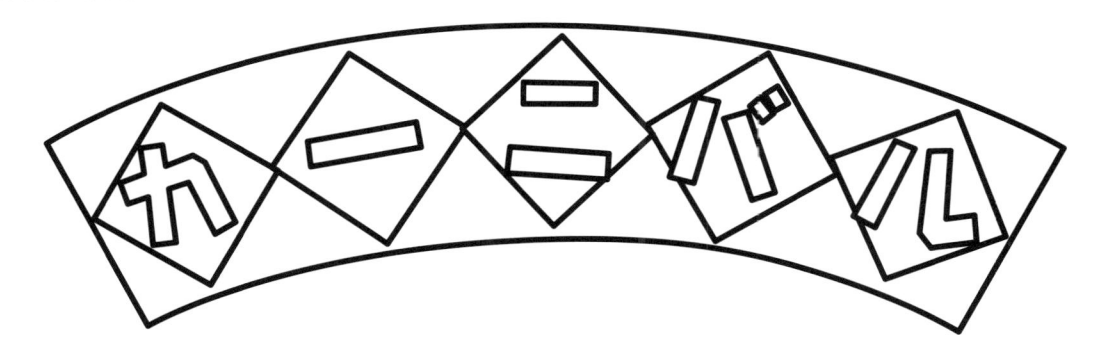

200%に拡大コピー

キャベツ 型紙

胴

きゅうり 型紙
※同じ型で3体作ってください。

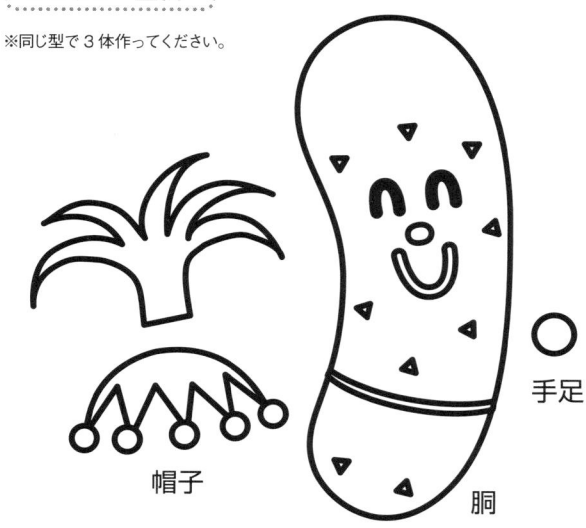

帽子　　胴　　手足

キャベツ 作り方

- 胴は、フェルト2枚を合わせて縫い、綿を入れる
- ゴム
- 綿
- 手足はゴム1本を挟んで縫う
- 手足はフェルト2枚を貼り合わせる

表 → 裏

- フェルト
- 面ファスナー凸面を縫い付ける

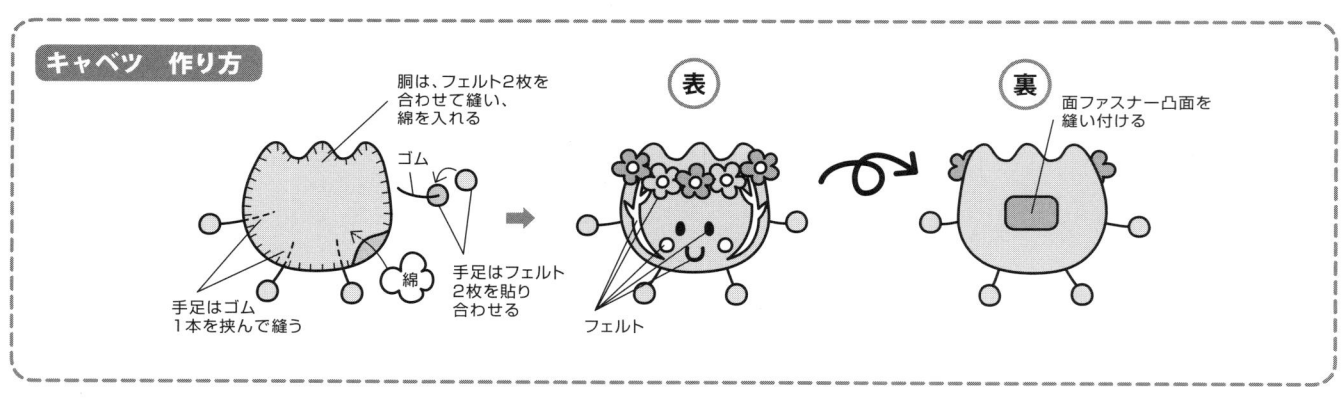

きゅうり 作り方
※胴と手足の作り方は、キャベツと同様です。

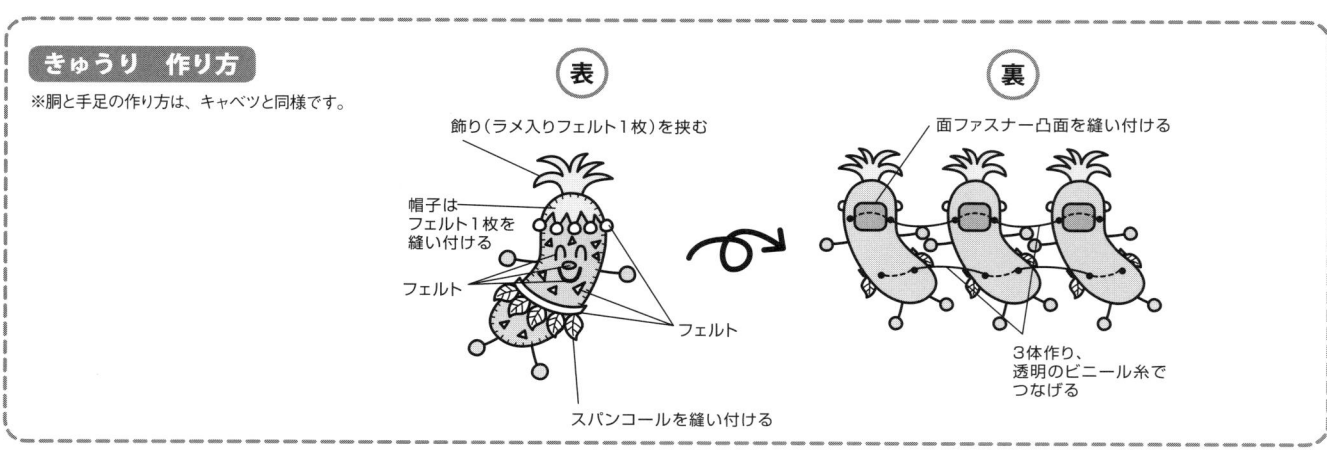

表 → 裏

- 飾り(ラメ入りフェルト1枚)を挟む
- 帽子はフェルト1枚を縫い付ける
- フェルト
- フェルト
- スパンコールを縫い付ける
- 面ファスナー凸面を縫い付ける
- 3体作り、透明のビニール糸でつなげる

200%に拡大コピー

トマト 型紙

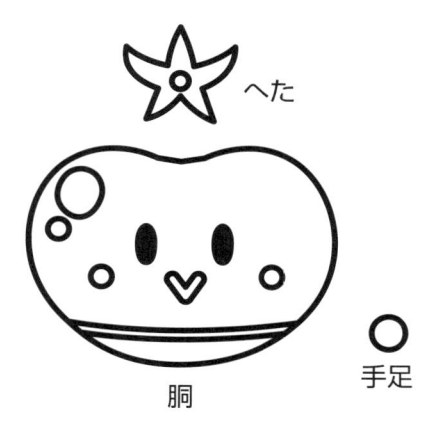

へた
胴
手足

しいたけ 型紙

しいたけ（小）
※かさは、2枚裁ちます。

かさ
軸

しいたけ（中）

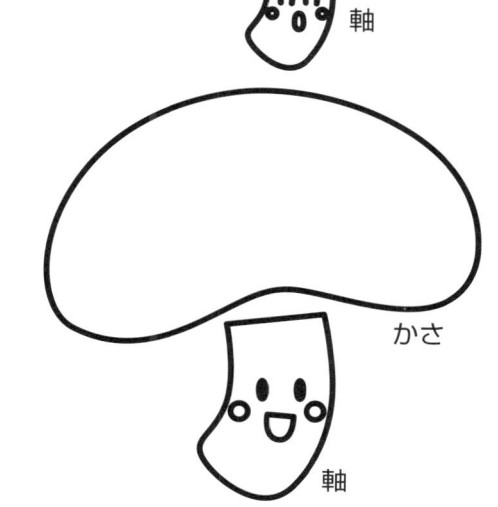

かさ
軸

しいたけ（大）

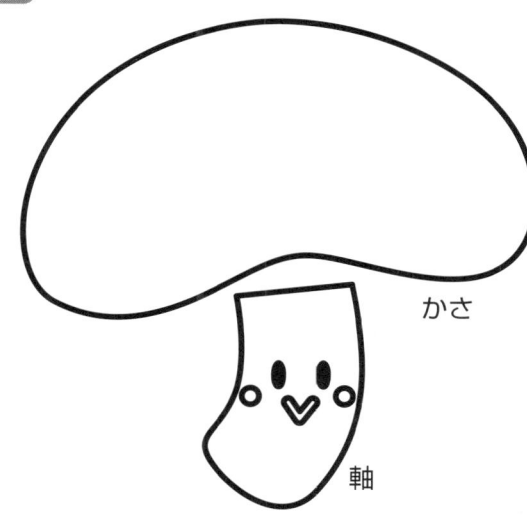

かさ
軸

トマト 作り方
※胴と手足の作り方は、キャベツと共通です。

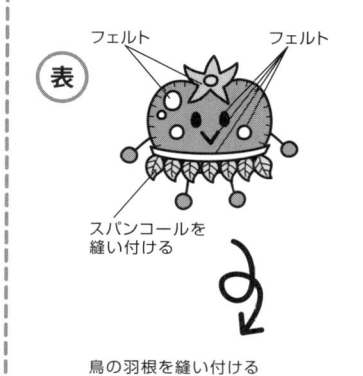

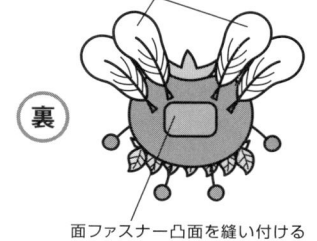

（表）
フェルト
フェルト
スパンコールを縫い付ける

（裏）
鳥の羽根を縫い付ける
面ファスナー凸面を縫い付ける

しいたけ 作り方
※しいたけ（小）の軸はフェルト1枚で作り、目は刺しゅうをしてもよいでしょう。

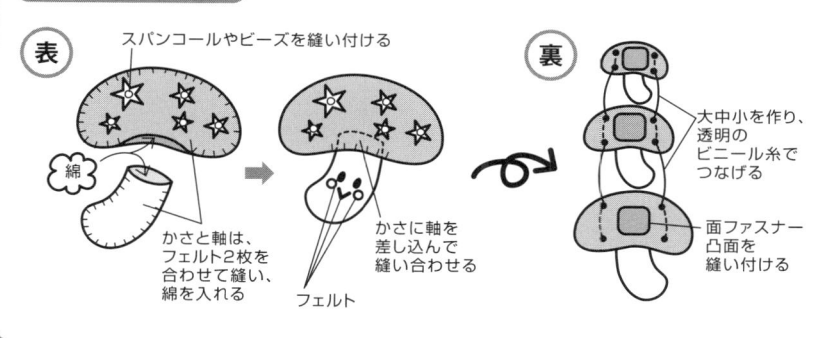

（表）
スパンコールやビーズを縫い付ける
綿
かさと軸は、フェルト2枚を合わせて縫い、綿を入れる
かさに軸を差し込んで縫い合わせる
フェルト

（裏）
大中小を作り、透明のビニール糸でつなげる
面ファスナー凸面を縫い付ける

200%に拡大コピー

たまねぎ 型紙

ほうれんそう 型紙

にんじん 型紙
葉
胴

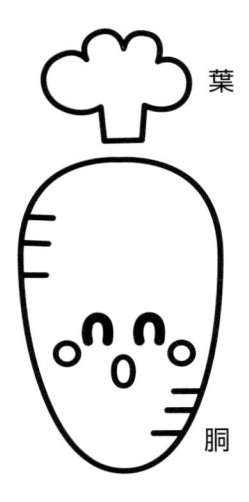

ピーマン 型紙
へた 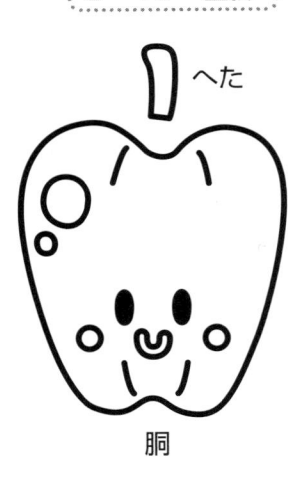
胴

たまねぎ 作り方	ほうれんそう 作り方	にんじん 作り方	ピーマン 作り方

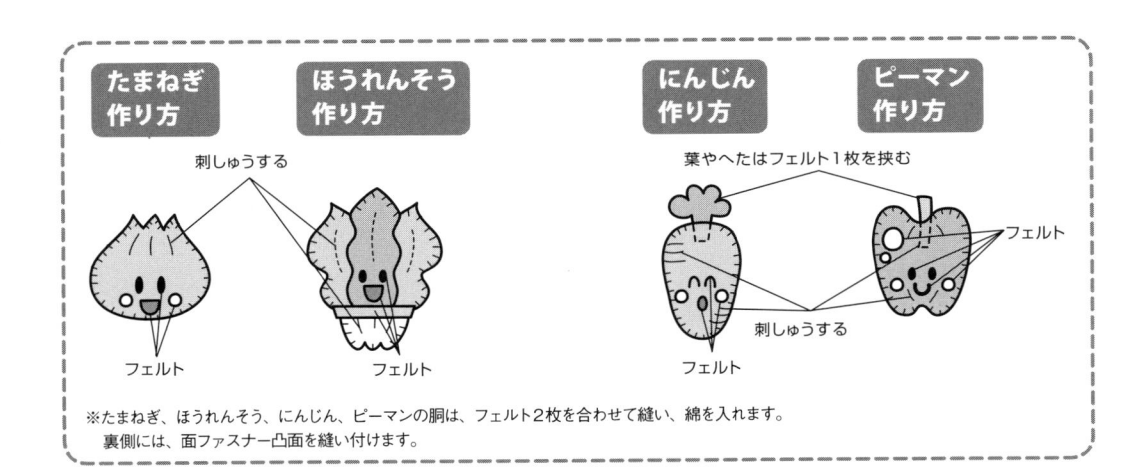

刺しゅうする
フェルト
フェルト

葉やへたはフェルト1枚を挟む
フェルト
刺しゅうする
フェルト

※たまねぎ、ほうれんそう、にんじん、ピーマンの胴は、フェルト2枚を合わせて縫い、綿を入れます。
　裏側には、面ファスナー凸面を縫い付けます。

| 200%に拡大コピー |

かみなり 型紙

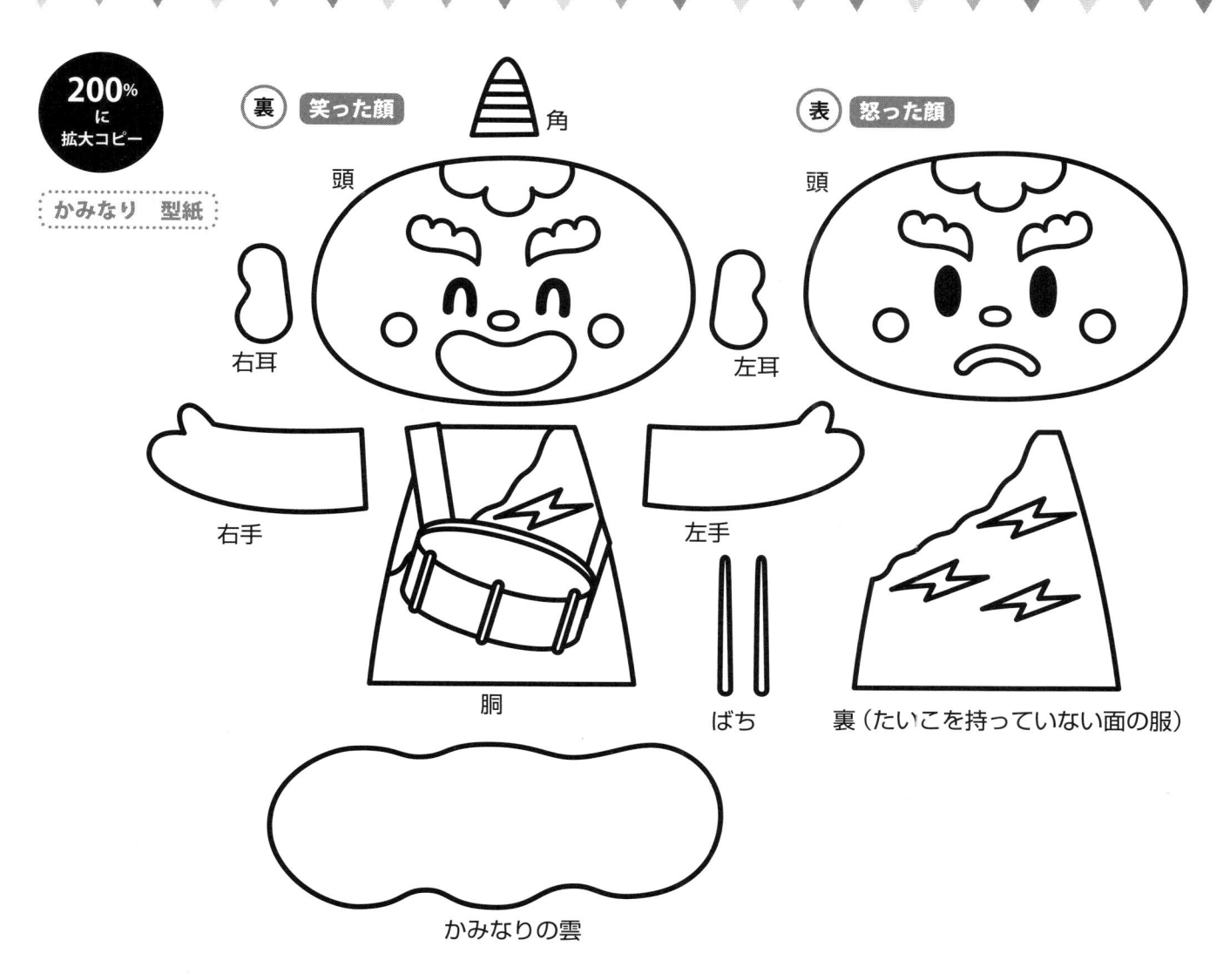

(裏) 笑った顔　　角　　(表) 怒った顔

頭　　頭

右耳　　左耳

右手　　左手　　胴　　ばち　　裏（たいこを持っていない面の服）

かみなりの雲

かみなり 作り方

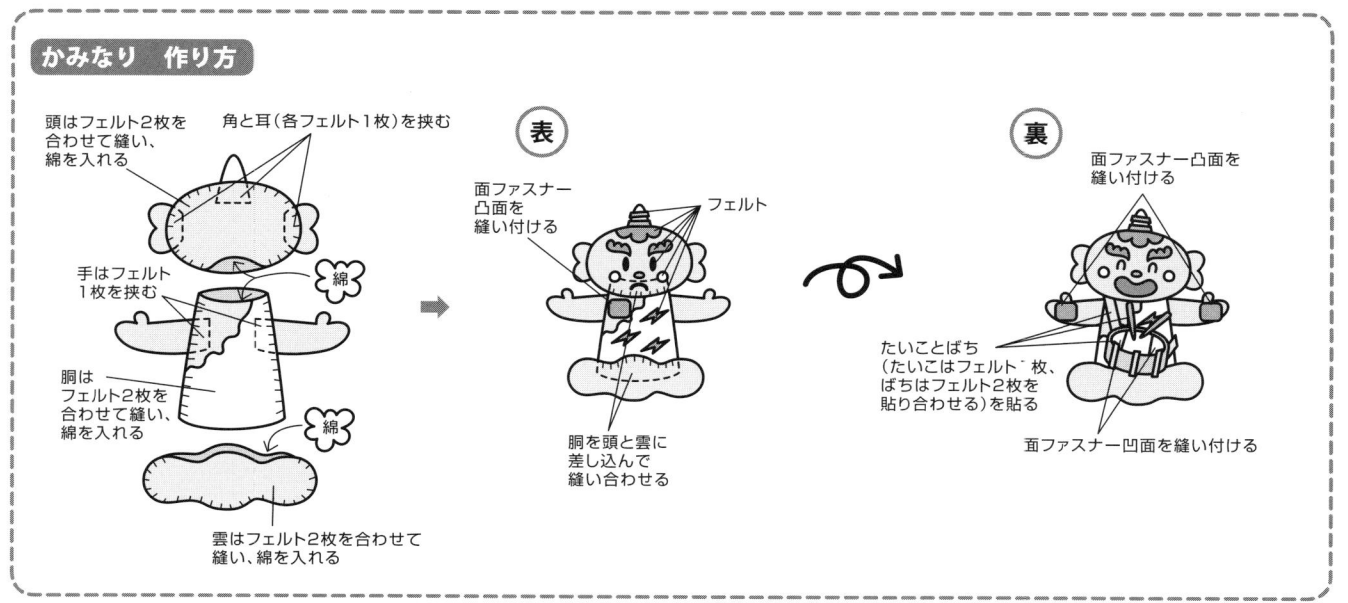

- 頭はフェルト2枚を合わせて縫い、綿を入れる
- 角と耳（各フェルト1枚）を挟む
- 手はフェルト1枚を挟む
- 綿
- 胴はフェルト2枚を合わせて縫い、綿を入れる
- 綿
- 雲はフェルト2枚を合わせて縫い、綿を入れる

(表)
- 面ファスナー凸面を縫い付ける
- フェルト
- 胴を頭と雲に差し込んで縫い合わせる

(裏)
- 面ファスナー凸面を縫い付ける
- たいことばち（たいこはフェルト1枚、ばちはフェルト2枚を貼り合わせる）を貼る
- 面ファスナー凹面を縫い付ける

200% に拡大コピー

雲 型紙

300% に拡大コピー

帽子 型紙

飾り①　飾り②　飾り③

帽子　作り方

- 外側へカールさせる
- 色画用紙
- キラキラした紙を貼る
- カラー工作用紙
- 輪ゴム
- ホッチキスで留める（裏はセロハンテープで保護する）

雲　作り方

- 裏に面ファスナー凸面を縫い付ける
- フェルト1枚
- ナイロン地の布（47cm×28cmに縫い代2cmを加えて裁ち、裁ち端は三つ折りにして縫っておく）
- ギャザーを寄せて縫い付ける

→

- 同じ形のフェルト1枚を重ねて縫い付ける
- 下は開けておく

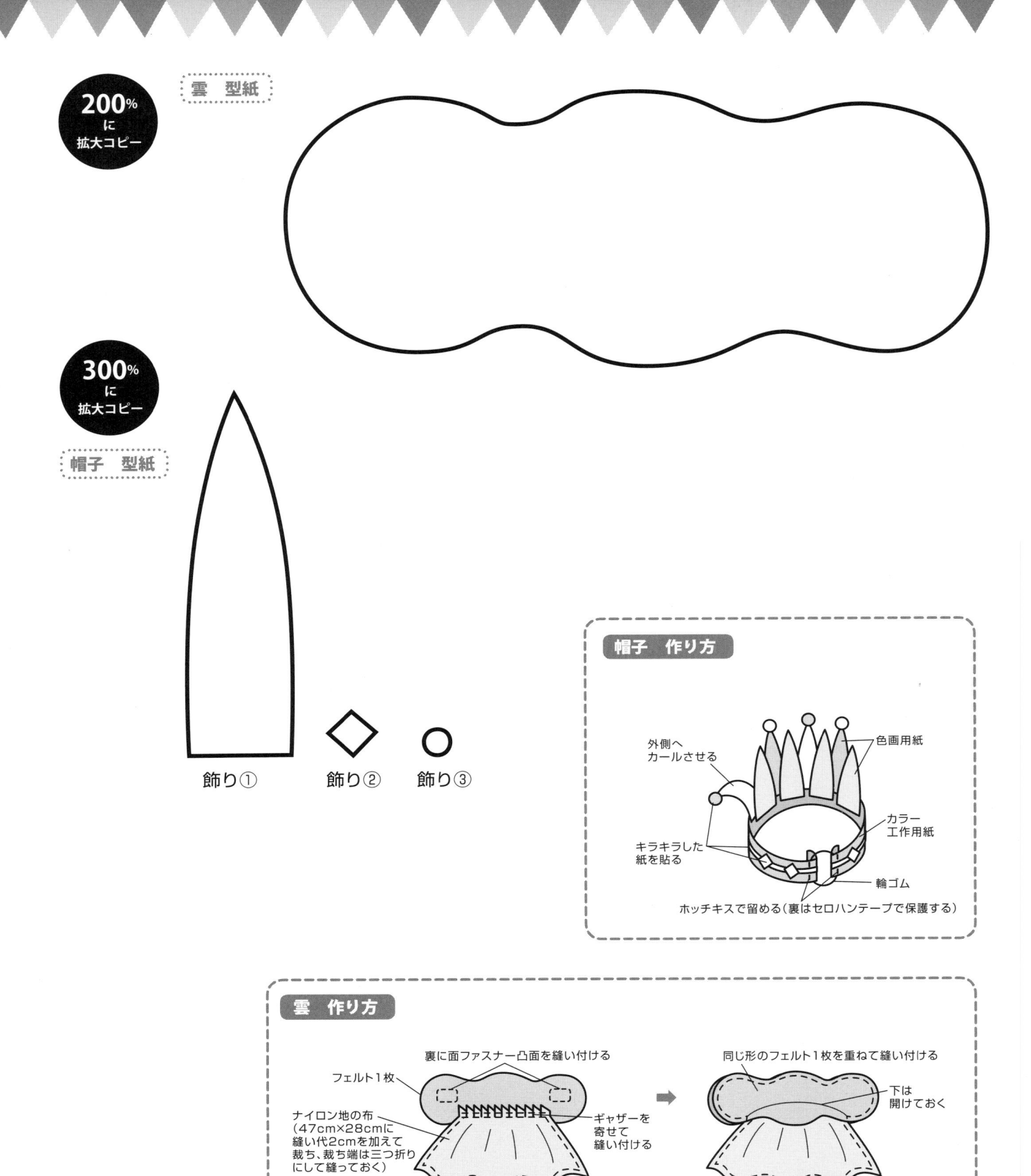

キレイ天使とバイキン魔王

型紙&作り方

おはなし&演じ方は 16～21ページ

エプロンの材料
キルティング地の布、木綿地の布、綿テープ、面ファスナー、ナイロン地の布、フェルト、刺しゅう糸

人形の材料
フェルト、面ファスナー、綿、ゴム、刺しゅう糸

小道具（虫眼鏡）の材料
コピー用紙、厚紙

※サイズは、できあがり寸法です。キルティング地の布、木綿地の布、ナイロン地の布は、できあがり寸法に縫い代1～1.5cmを加えて裁ちます。
※面ファスナーの位置は、人形を置いて決めるとよいでしょう。
※特に記載のない場合は、接着剤で貼ります。
※人形を作る際は、手でかがっても、ミシンで縫ってもどちらでもOKです。

エプロン 作り方

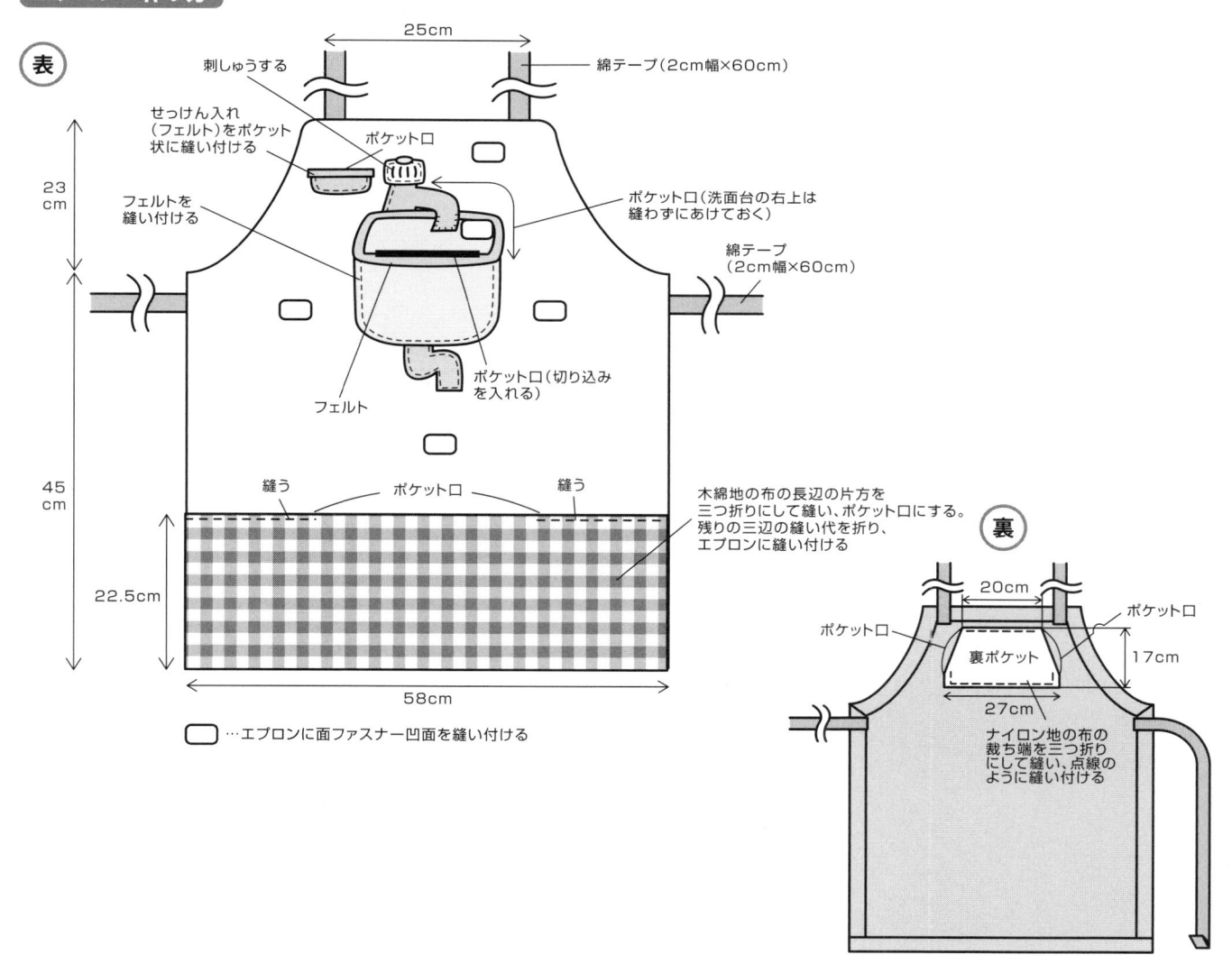

【表】

- 25cm
- 刺しゅうする
- せっけん入れ（フェルト）をポケット状に縫い付ける
- ポケット口
- 綿テープ（2cm幅×60cm）
- フェルトを縫い付ける
- ポケット口（洗面台の右上は縫わずにあけておく）
- 綿テープ（2cm幅×60cm）
- ポケット口（切り込みを入れる）
- フェルト
- 23cm
- 45cm
- 縫う　ポケット口　縫う
- 木綿地の布の長辺の片方を三つ折りにして縫い、ポケット口にする。残りの三辺の縫い代を折り、エプロンに縫い付ける
- 22.5cm
- 58cm

▢ …エプロンに面ファスナー凹面を縫い付ける

【裏】

- 20cm
- ポケット口
- 裏ポケット
- 17cm
- 27cm
- ナイロン地の布の裁ち端を三つ折りにして縫い、点線のように縫い付ける

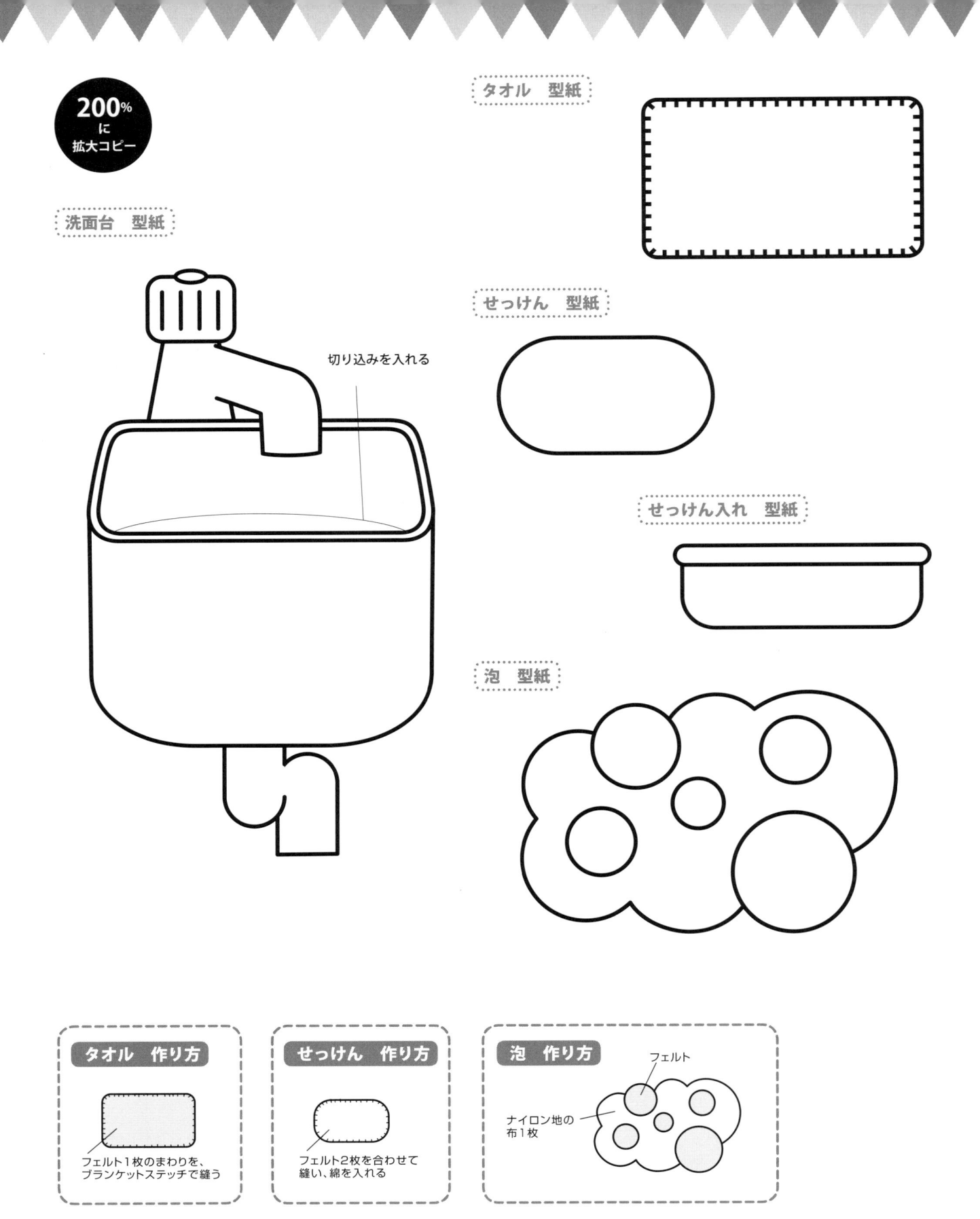

200%に拡大コピー

洗面台 型紙

切り込みを入れる

タオル 型紙

せっけん 型紙

せっけん入れ 型紙

泡 型紙

タオル 作り方
フェルト1枚のまわりを、ブランケットステッチで縫う

せっけん 作り方
フェルト2枚を合わせて縫い、綿を入れる

泡 作り方
フェルト ナイロン地の布1枚

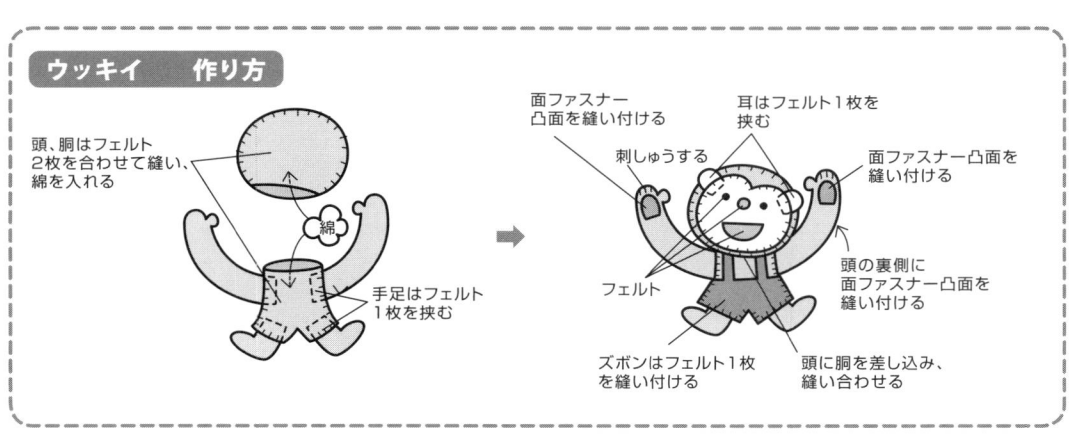

実寸型紙

ウッキイ　型紙

頭

左手

右手

胴

右足　左足

ズボン

ウッキイ　作り方

頭、胴はフェルト2枚を合わせて縫い、綿を入れる

綿

手足はフェルト1枚を挟む

➡

面ファスナー凸面を縫い付ける

耳はフェルト1枚を挟む

刺しゅうする

面ファスナー凸面を縫い付ける

フェルト

頭の裏側に面ファスナー凸面を縫い付ける

ズボンはフェルト1枚を縫い付ける

頭に胴を差し込み、縫い合わせる

実寸型紙　キレイ天使　型紙

右羽

頭

右手

左手

胴

右足

左足

左羽

キレイ天使　作り方

※基本的な作り方は、ウッキィと同様です。

羽はフェルト1枚を裏側に縫い付ける

髪はフェルト1枚を貼る

耳はフェルト1枚を挟む

右手はフェルト1枚を縫い付ける

フェルト

手足はフェルト1枚を挟む

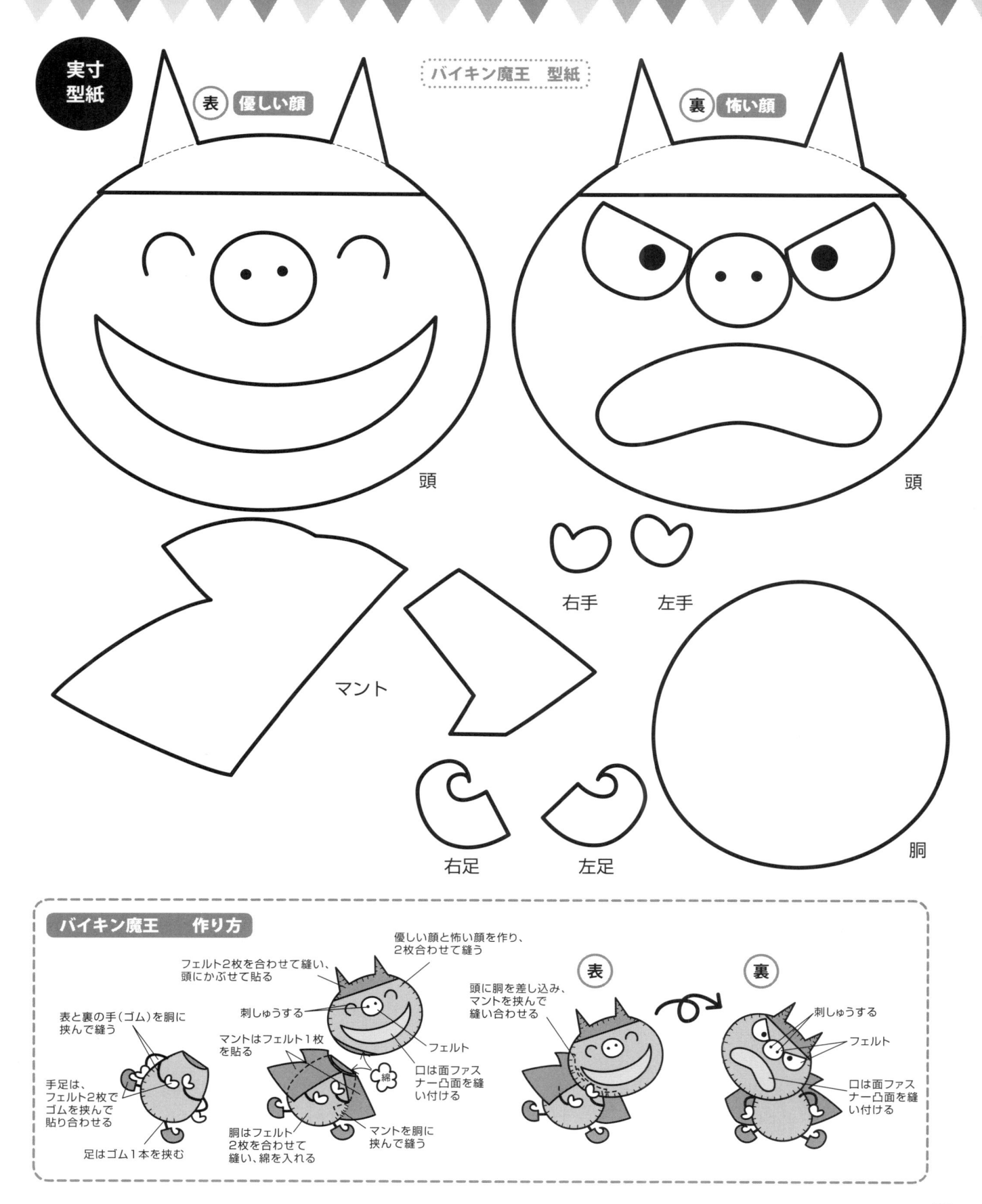

バイキン魔王 型紙

実寸型紙

表 優しい顔 — 頭
裏 怖い顔 — 頭

マント
右手　左手
右足　左足
胴

バイキン魔王　作り方

- 表と裏の手（ゴム）を胴に挟んで縫う
- 手足は、フェルト2枚でゴムを挟んで貼り合わせる
- 足はゴム1本を挟む
- フェルト2枚を合わせて縫い、頭にかぶせて貼る
- 刺しゅうする
- マントはフェルト1枚を貼る
- 胴はフェルト2枚を合わせて縫い、綿を入れる
- マントを胴に挟んで縫う
- 優しい顔と怖い顔を作り、2枚合わせて縫う
- 頭に胴を差し込み、マントを挟んで縫い合わせる
- フェルト
- 綿
- 口は面ファスナー凸面を縫い付ける

表　裏

- 刺しゅうする
- フェルト
- 口は面ファスナー凸面を縫い付ける

虫眼鏡　型紙

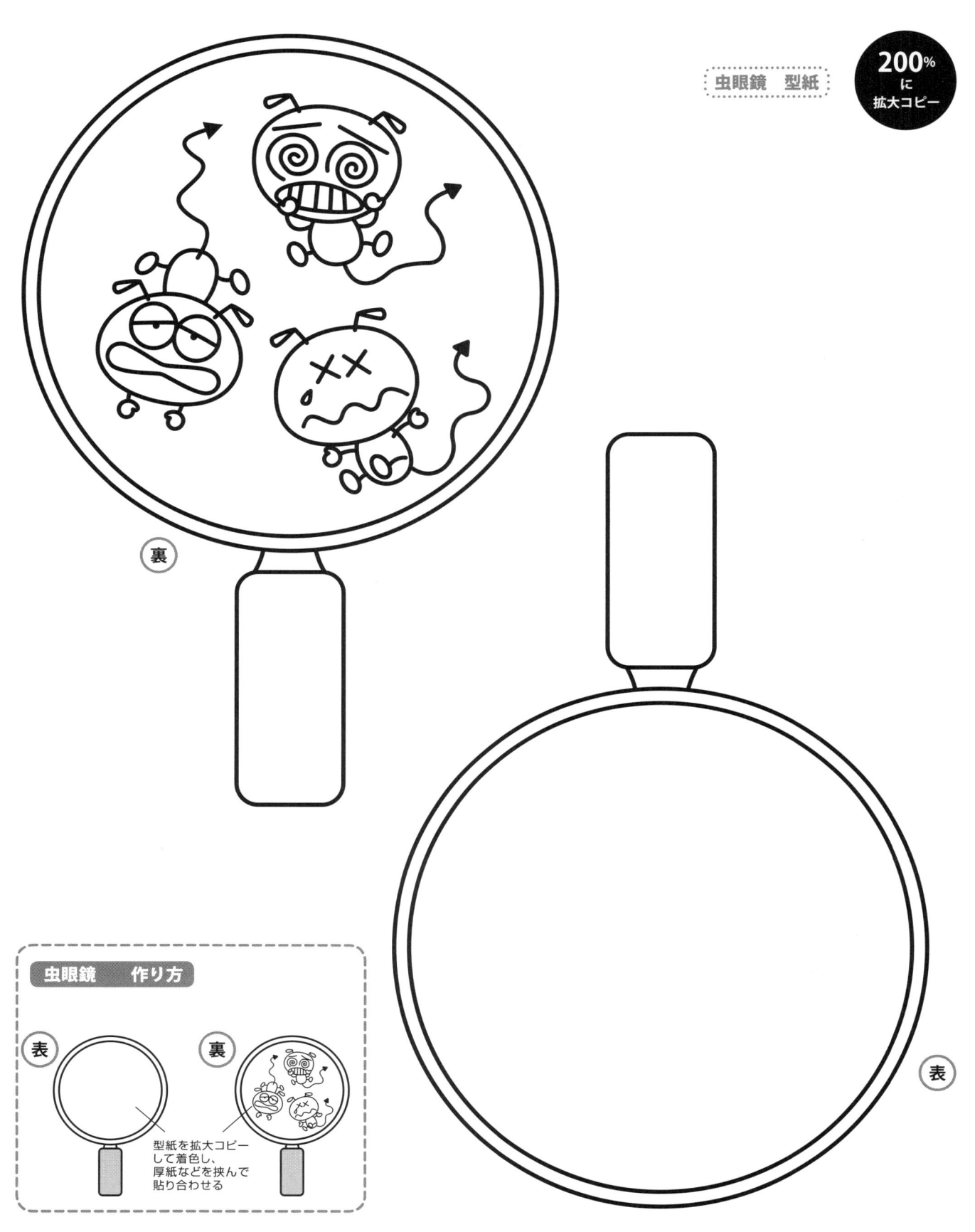

200%に拡大コピー

裏

表

虫眼鏡　作り方

表　裏

型紙を拡大コピーして着色し、厚紙などを挟んで貼り合わせる

みんなのおうち

型紙＆作り方

※ぶた、いぬ、ねこの人形はリバーシブルに作り、「ねんねんころりん」と共通で使います。

おはなし＆演じ方は **22〜23ページ**

エプロンの材料
キルティング地の布、木綿地の布、綿テープ、面ファスナー、フェルト、ボタン、バイアステープ、刺しゅう糸

人形の材料
フェルト、面ファスナー、綿、刺しゅう糸

※サイズは、できあがり寸法です。キルティング地の布、木綿地の布は、できあがり寸法に縫い代1〜1.5cmを加えて裁ちます。
※面ファスナーの位置は、人形を置いて決めるとよいでしょう。
※特に記載のない場合は、接着剤で貼ります。
※人形を作る際は、手でかがっても、ミシンで縫ってもどちらでもOKです。

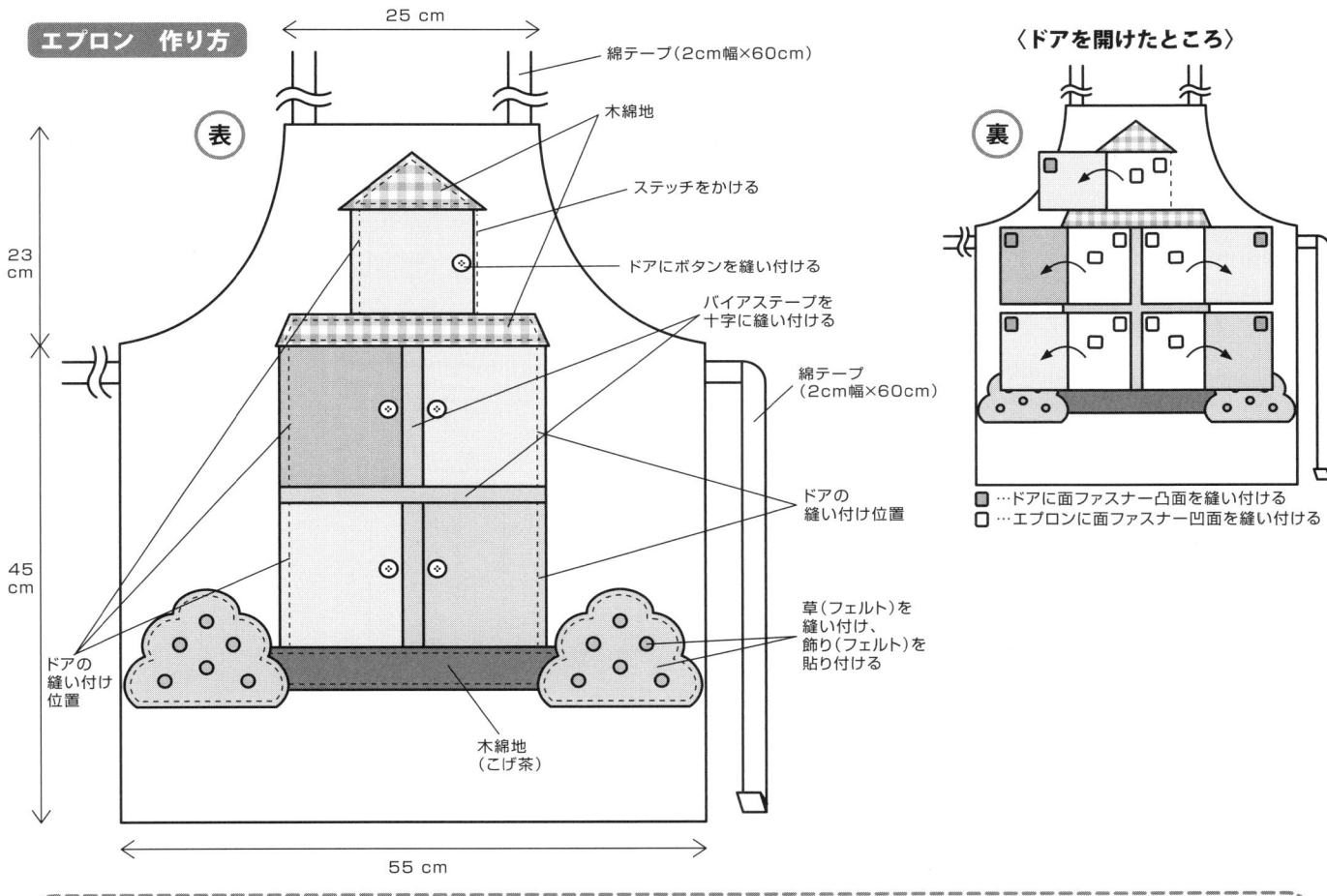

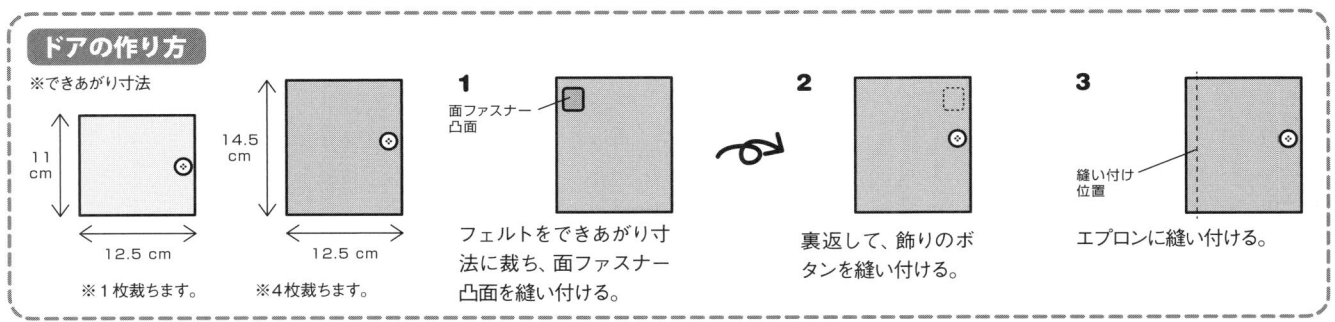

エプロン 作り方

- 25 cm（上部幅）
- 23 cm / 45 cm（縦寸法）
- 55 cm（下部幅）
- 綿テープ（2cm幅×60cm）
- 木綿地
- ステッチをかける
- ドアにボタンを縫い付ける
- バイアステープを十字に縫い付ける
- 綿テープ（2cm幅×60cm）
- ドアの縫い付け位置
- 草（フェルト）を縫い付け、飾り（フェルト）を貼り付ける
- 木綿地（こげ茶）
- ドアの縫い付け位置

〈ドアを開けたところ〉（裏）

- ■ …ドアに面ファスナー凸面を縫い付ける
- □ …エプロンに面ファスナー凹面を縫い付ける

ドアの作り方

※できあがり寸法

- 11cm × 12.5cm ※1枚裁ちます。
- 14.5cm × 12.5cm ※4枚裁ちます。

1 フェルトをできあがり寸法に裁ち、面ファスナー凸面を縫い付ける。

2 裏返して、飾りのボタンを縫い付ける。

3 エプロンに縫い付ける。（縫い付け位置）

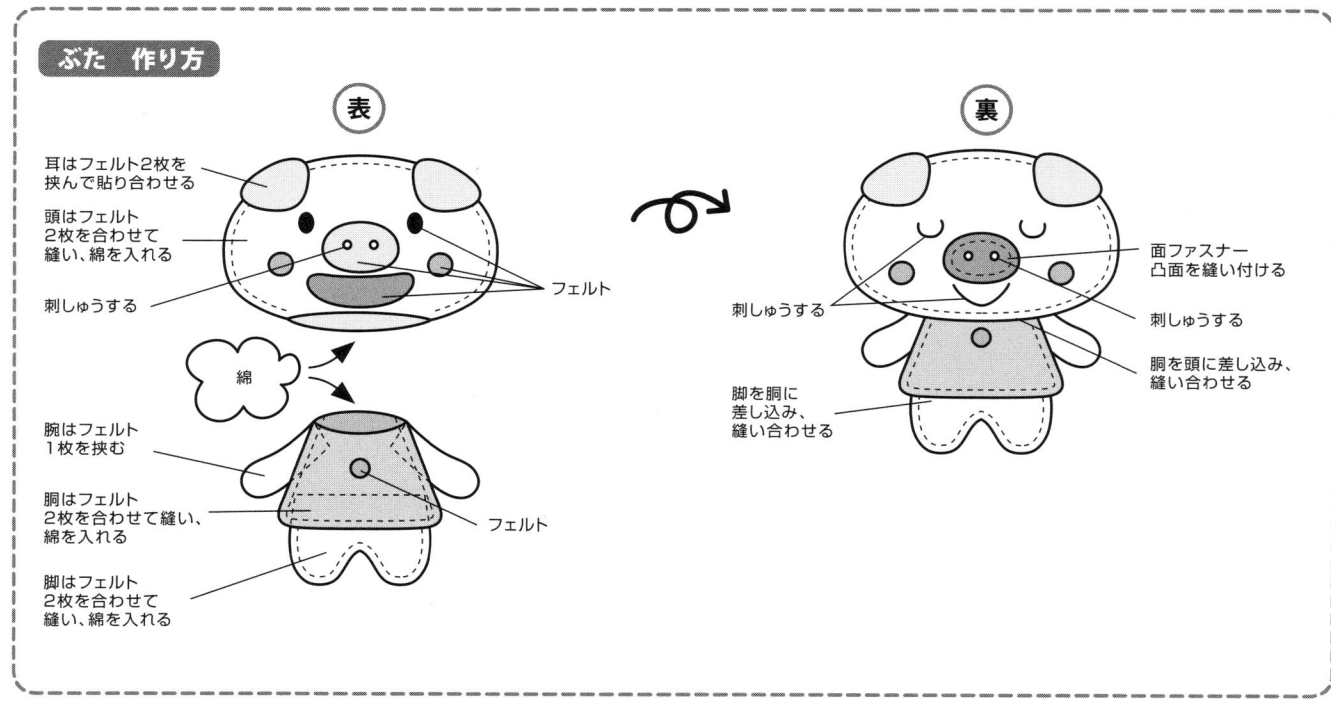

200%に拡大コピー

草 型紙

ぶた 型紙

裏 眠った顔
頭

表 起きた顔
頭
右手 左手
胴
脚

ぶた 作り方

表

- 耳はフェルト2枚を挟んで貼り合わせる
- 頭はフェルト2枚を合わせて縫い、綿を入れる
- 刺しゅうする
- フェルト
- 綿
- 腕はフェルト1枚を挟む
- 胴はフェルト2枚を合わせて縫い、綿を入れる
- 脚はフェルト2枚を合わせて縫い、綿を入れる
- フェルト

裏

- 面ファスナー凸面を縫い付ける
- 刺しゅうする
- 刺しゅうする
- 胴を頭に差し込み、縫い合わせる
- 脚を胴に差し込み、縫い合わせる

いぬ 作り方 ※作り方はぶたと同様です。

表
- 耳はフェルト2枚を挟んで縫い合わせる
- 耳はフェルト1枚を挟む
- フェルト
- 綿を入れる
- フェルト

裏
- 刺しゅうする
- 面ファスナー凸面を縫い付ける

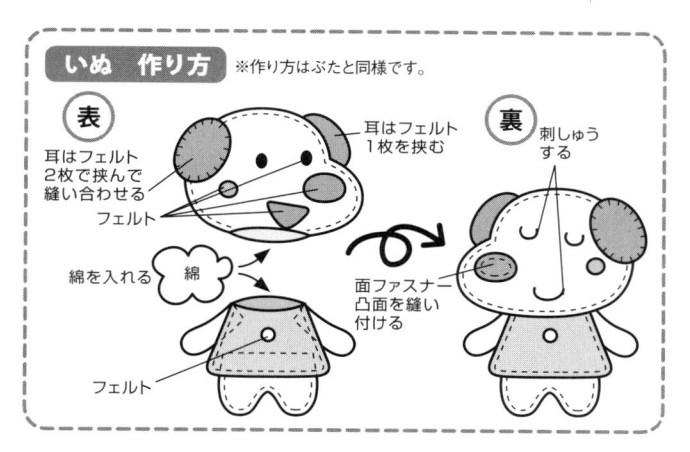

ねこ 作り方 ※作り方はぶたと同様です。

表
- フェルト
- 刺しゅうする
- 綿を入れる
- フェルト

裏
- 刺しゅうする
- 面ファスナー凸面を縫い付ける

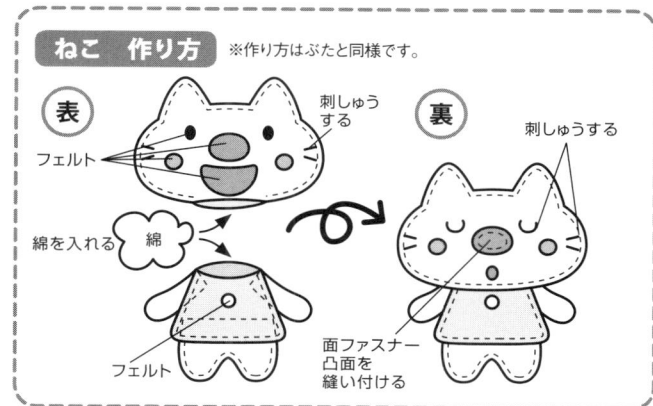

200%に拡大コピー

いぬ 型紙

裏 眠った顔 — 頭

表 起きた顔 — 頭、右手、左手、胴、脚

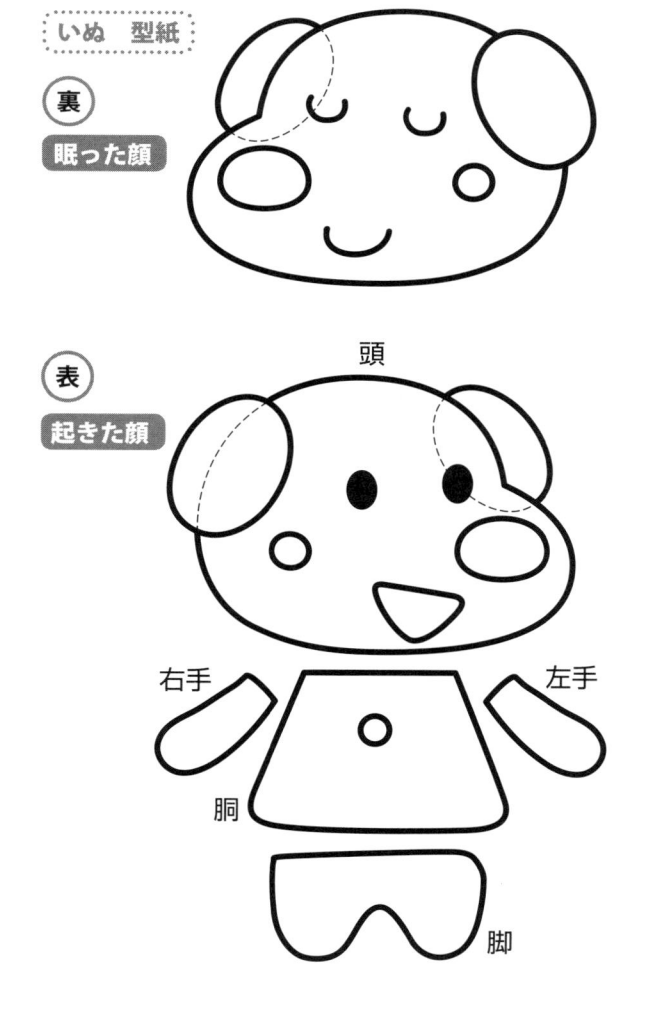

ねこ 型紙

裏 眠った顔 — 頭

表 起きた顔 — 頭、右手、左手、胴、脚

73

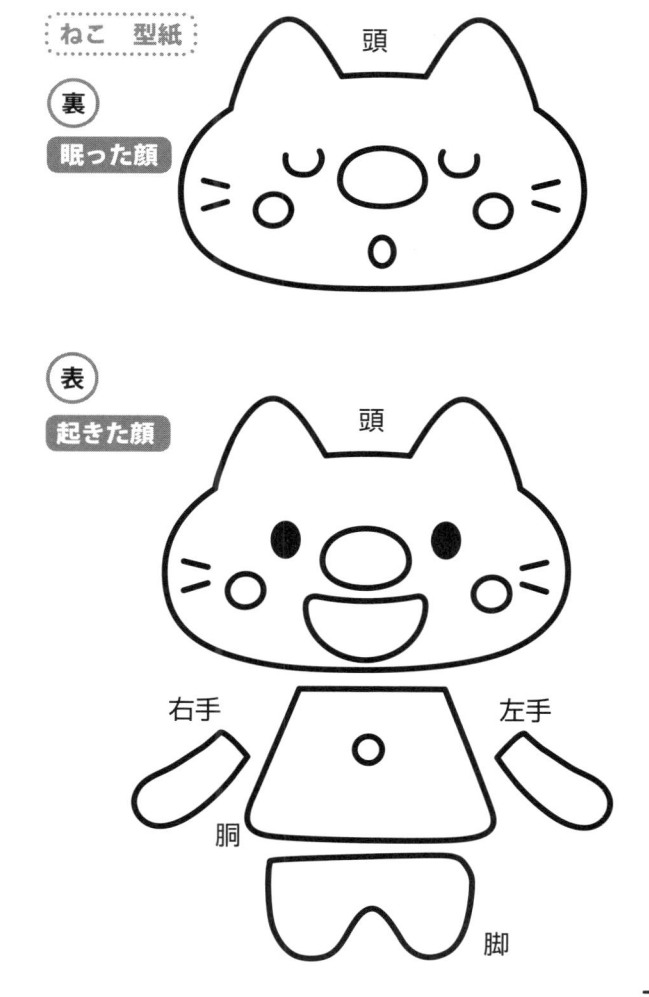

ねずみ 型紙

125%に拡大コピー

頭 / 右手 / 左手 / 胴 / 脚

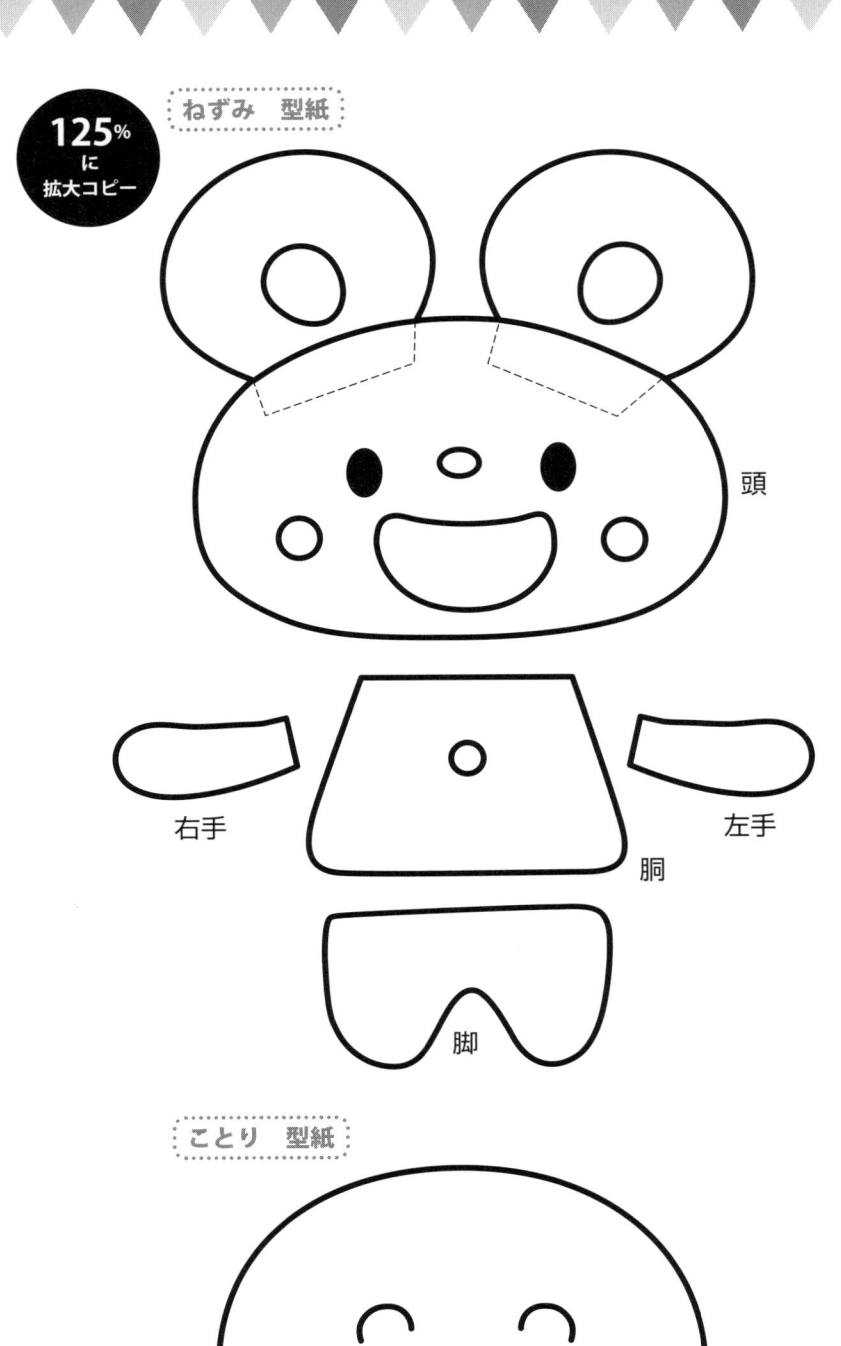

ねずみ 作り方 ※作り方はぶたと同様です。

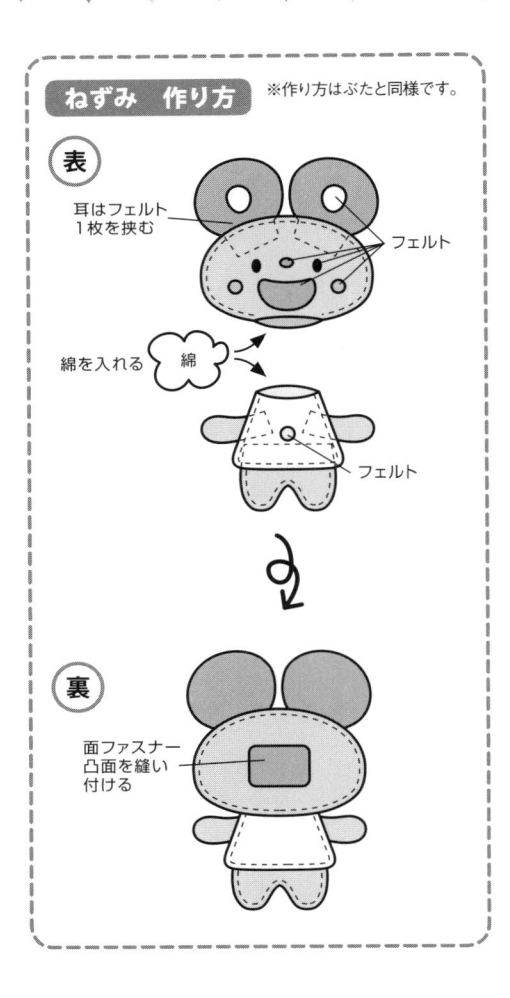

表
- 耳はフェルト1枚を挟む
- フェルト
- 綿を入れる → 綿
- フェルト

裏
- 面ファスナー凸面を縫い付ける

ことり 型紙

右羽 / 左羽 / 胴

ことり 作り方 ※作り方はぶたと同様です。

表
- 綿
- 刺しゅうする
- フェルト
- 羽はフェルト1枚を挟む
- 胴はフェルト2枚を合わせて縫い、綿を入れる

裏
- 面ファスナー凸面を縫い付ける

ねんねんころりん

型紙 & 作り方

※ぶた、いぬ、ねこは「みんなのおうち」と同じ人形を使います。

おはなし&演じ方は **24～25ページ**

エプロンの材料
キルティング地の布、木綿地の布、綿テープ、面ファスナー、フェルト、綿レース

人形の材料
フェルト、面ファスナー、綿、刺しゅう糸

※サイズは、できあがり寸法です。キルティング地の布、木綿地の布は、できあがり寸法に縫い代1～1.5cmを加えて裁ちます。
※面ファスナーの位置は、人形を置いて決めるとよいでしょう。
※特に記載のない場合は、接着剤で貼ります。
※人形を作る際は、手でかがっても、ミシンで縫ってもどちらでもOKです。

エプロン 作り方

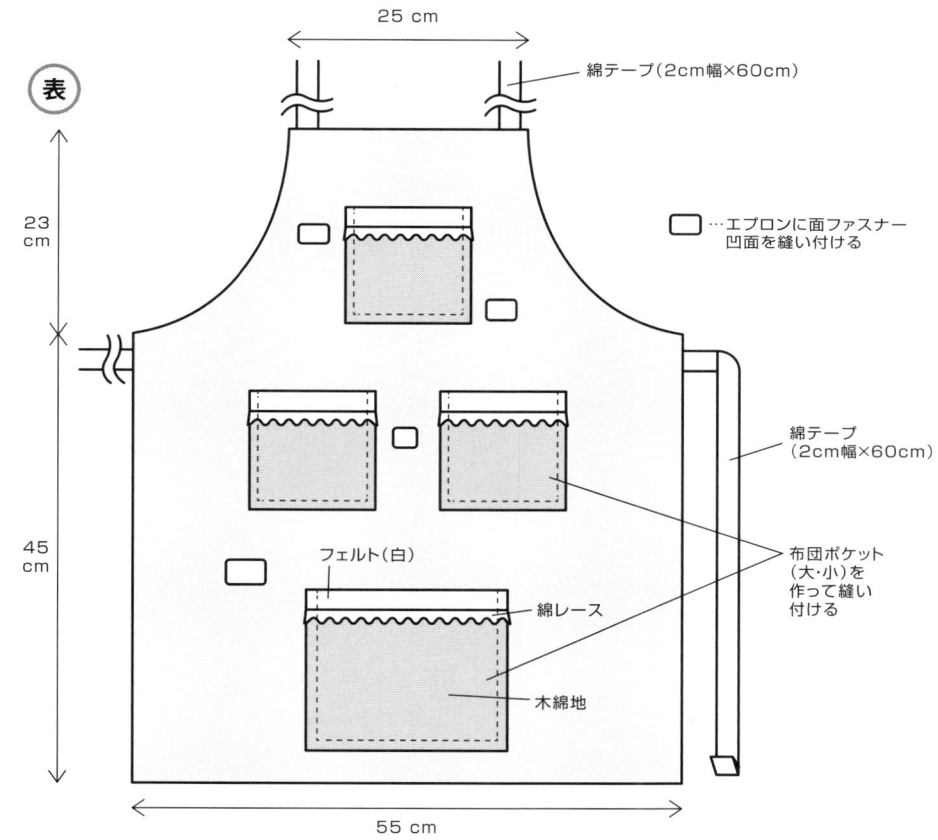

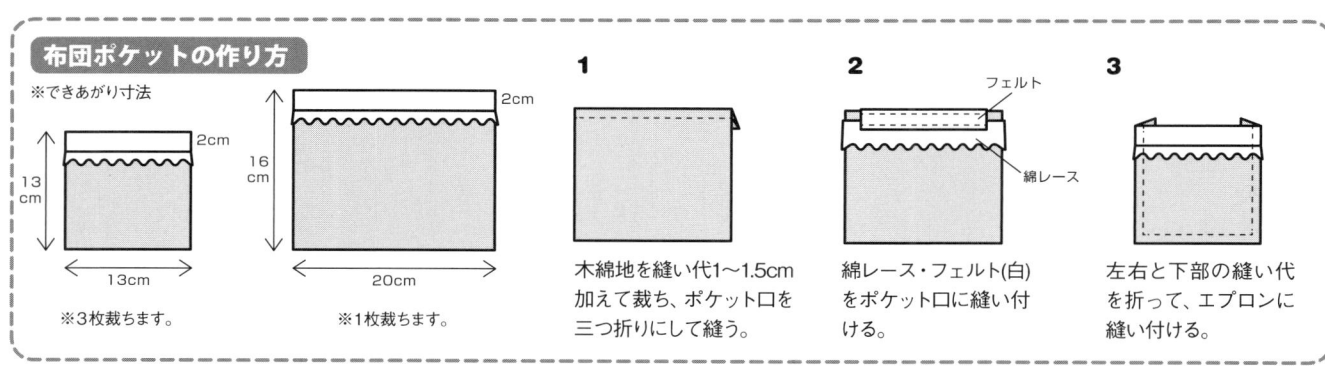

表

25 cm
23 cm
45 cm
55 cm

綿テープ（2cm幅×60cm）

□…エプロンに面ファスナー凹面を縫い付ける

綿テープ（2cm幅×60cm）

布団ポケット（大・小）を作って縫い付ける

フェルト(白)
綿レース
木綿地

布団ポケットの作り方

※できあがり寸法

2cm
13cm
13cm
※3枚裁ちます。

2cm
16cm
20cm
※1枚裁ちます。

1 木綿地を縫い代1～1.5cm加えて裁ち、ポケット口を三つ折りにして縫う。

2 綿レース・フェルト(白)をポケット口に縫い付ける。

フェルト
綿レース

3 左右と下部の縫い代を折って、エプロンに縫い付ける。

200%に拡大コピー

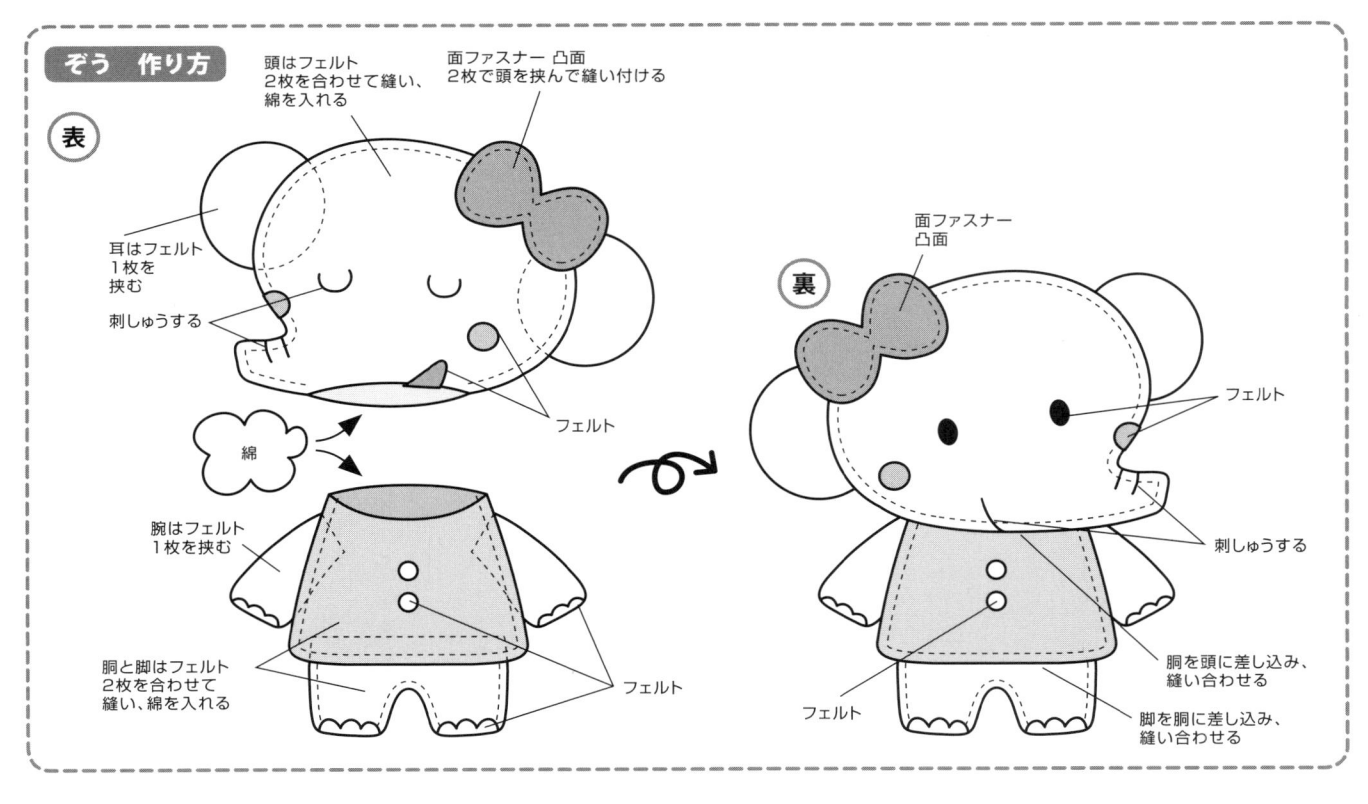

ぞう 型紙

裏 起きた顔
頭

表 眠った顔
頭
右手　左手
胴
脚

ぞう 作り方

表
- 頭はフェルト2枚を合わせて縫い、綿を入れる
- 面ファスナー 凸面 2枚で頭を挟んで縫い付ける
- 耳はフェルト1枚を挟む
- 刺しゅうする
- フェルト
- 綿
- 腕はフェルト1枚を挟む
- 胴と脚はフェルト2枚を合わせて縫い、綿を入れる
- フェルト

裏
- 面ファスナー 凸面
- フェルト
- 刺しゅうする
- フェルト
- 胴を頭に差し込み、縫い合わせる
- 脚を胴に差し込み、縫い合わせる

76

みんなでうたおう！

型紙 & 作り方

おはなし&演じ方は 26〜31ページ

エプロンの材料
キルティング地の布、木綿地の布、綿テープ、面ファスナー、フェルト、接着芯

人形の材料
フェルト、面ファスナー、綿、刺しゅう糸、接着芯

※サイズは、できあがり寸法です。キルティング地の布、木綿地の布は、できあがり寸法に縫い代1〜1.5cmを加えて裁ちます。
※面ファスナーの位置は、人形を置いて決めるとよいでしょう。
※特に記載のない場合は、接着剤で貼ります。
※人形を作る際は、手でかがっても、ミシンで縫ってもどちらでもOKです。

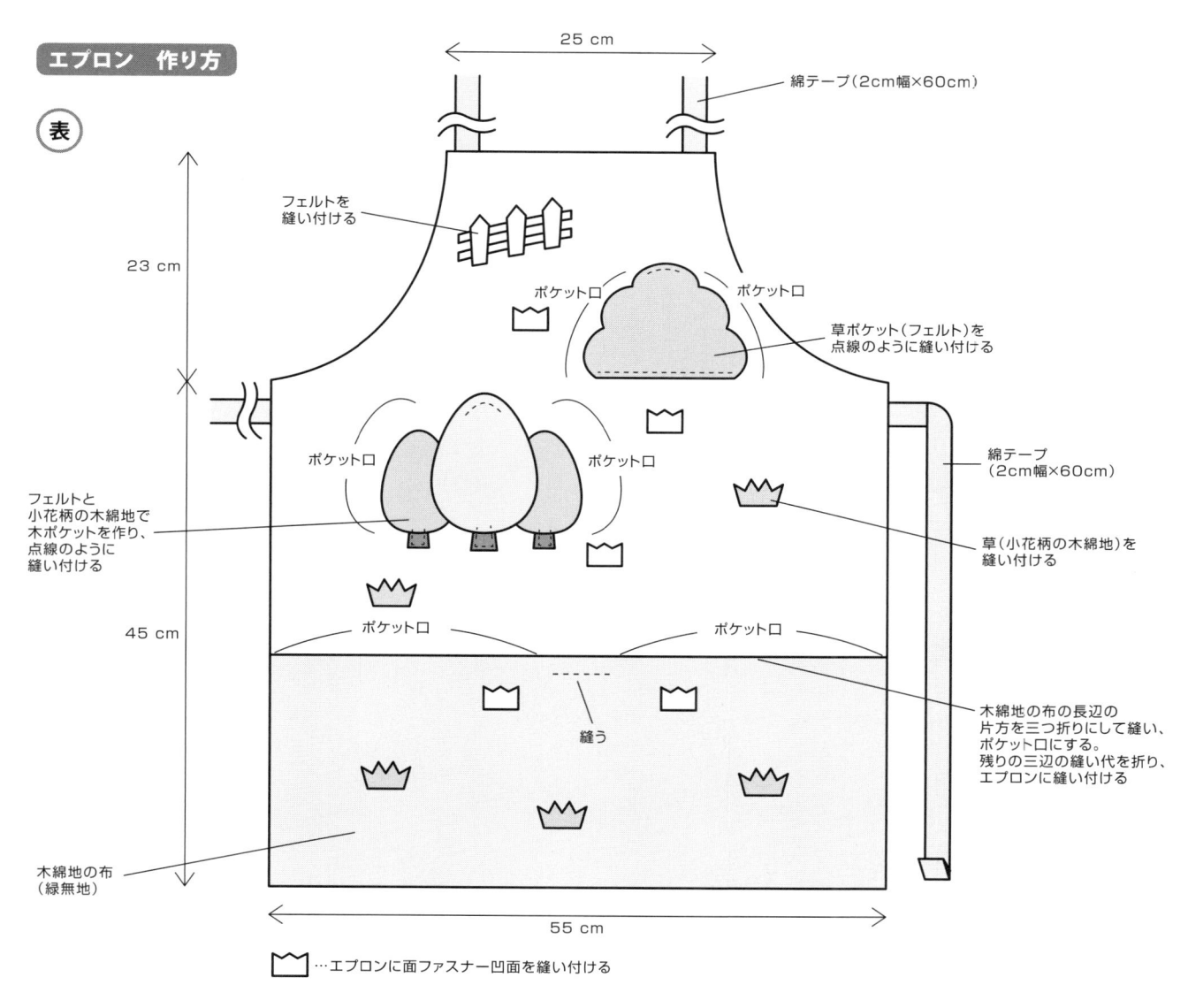

エプロン　作り方

表

25 cm

綿テープ（2cm幅×60cm）

フェルトを縫い付ける

ポケット口　ポケット口

草ポケット（フェルト）を点線のように縫い付ける

23 cm

ポケット口　ポケット口

フェルトと小花柄の木綿地で木ポケットを作り、点線のように縫い付ける

綿テープ（2cm幅×60cm）

草（小花柄の木綿地）を縫い付ける

45 cm

ポケット口　ポケット口

縫う

木綿地の布の長辺の片方を三つ折りにして縫い、ポケット口にする。残りの三辺の縫い代を折り、エプロンに縫い付ける

木綿地の布（緑無地）

55 cm

⎕…エプロンに面ファスナー凹面を縫い付ける

※小花柄の木綿地の草は、裏面にアイロン接着芯を付けたものを型紙どおりに裁って使う。

実寸型紙

木のポケット　型紙

木のポケット　作り方

1 小花柄の木綿地の裏面にアイロン接着芯を付ける。

2 中央の大きな木を、型紙どおりに裁つ。
木綿地（小花柄）

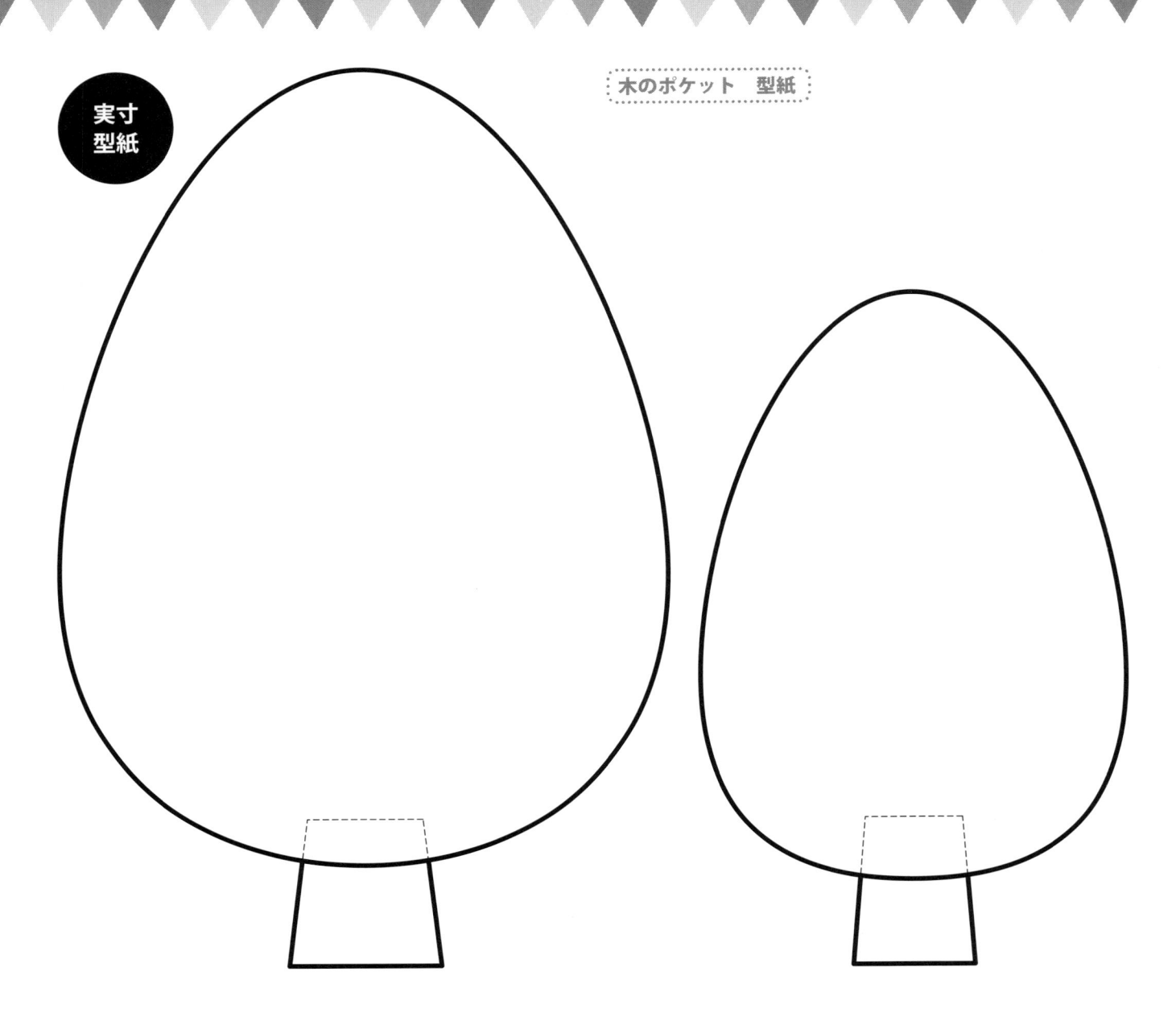

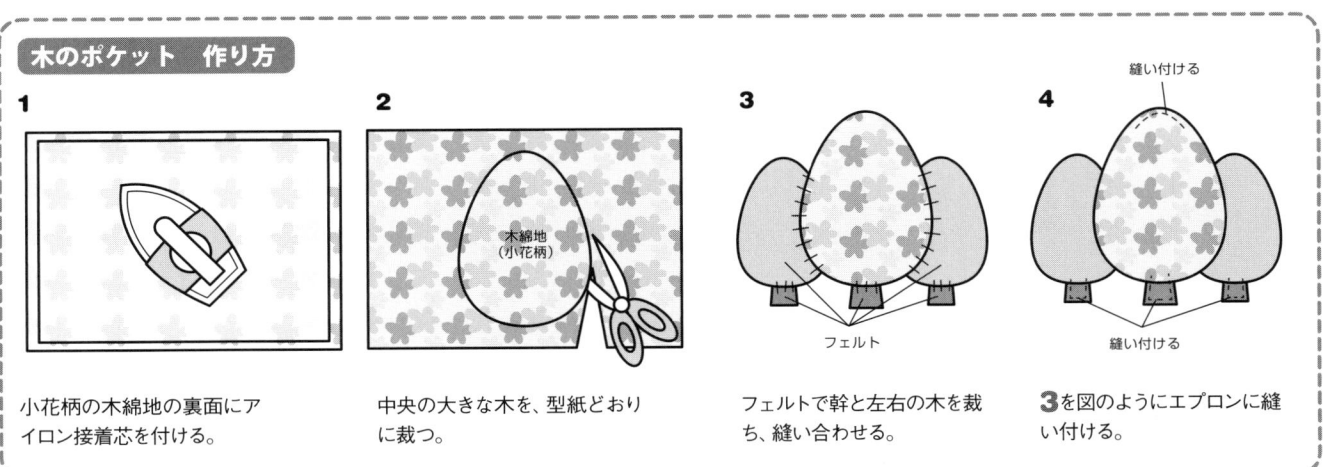

3 フェルトで幹と左右の木を裁ち、縫い合わせる。
フェルト

4 **3**を図のようにエプロンに縫い付ける。
縫い付ける
縫い付ける

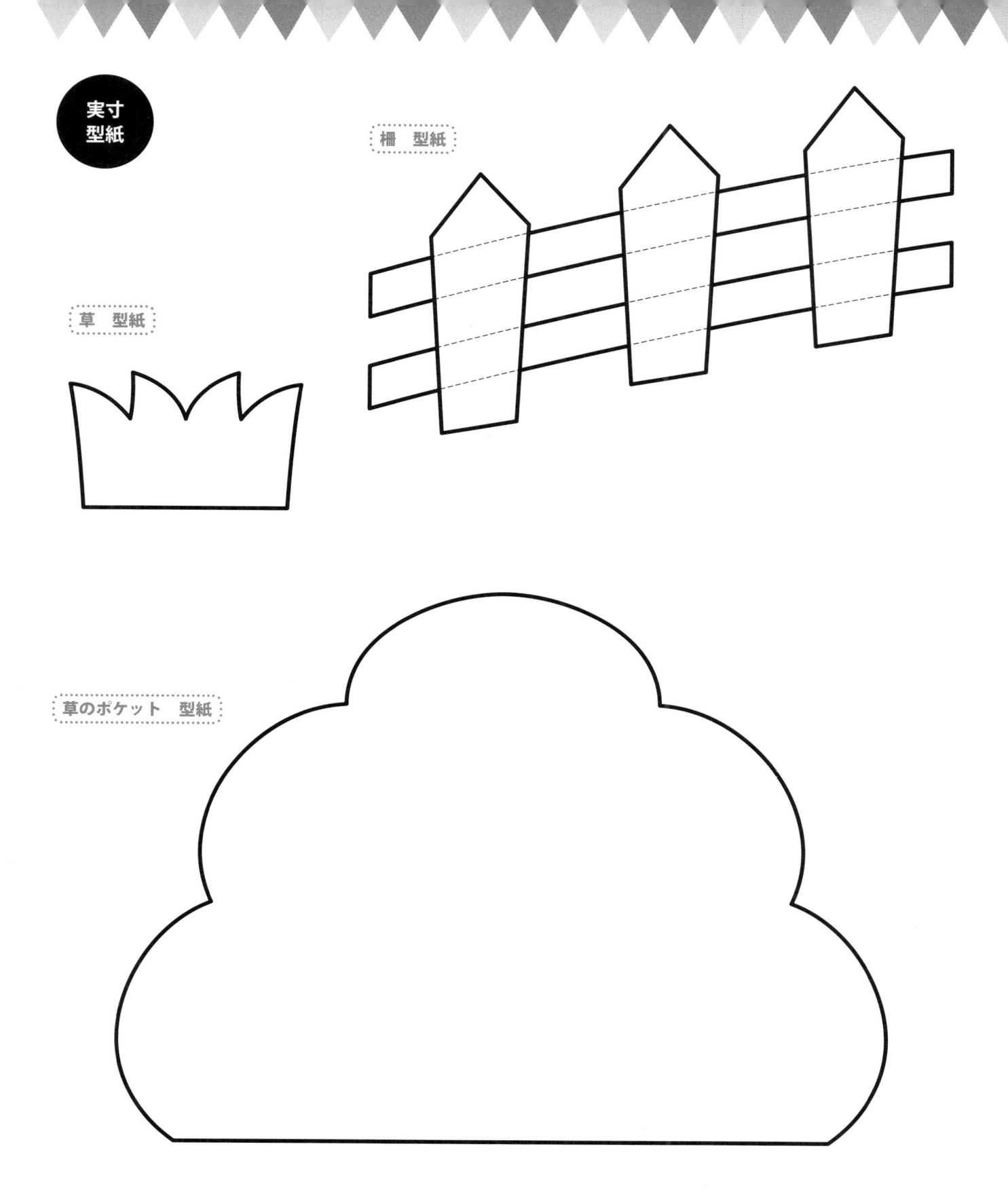

実寸型紙

草 型紙

柵 型紙

草のポケット 型紙

79

125%に拡大コピー

おうし 型紙

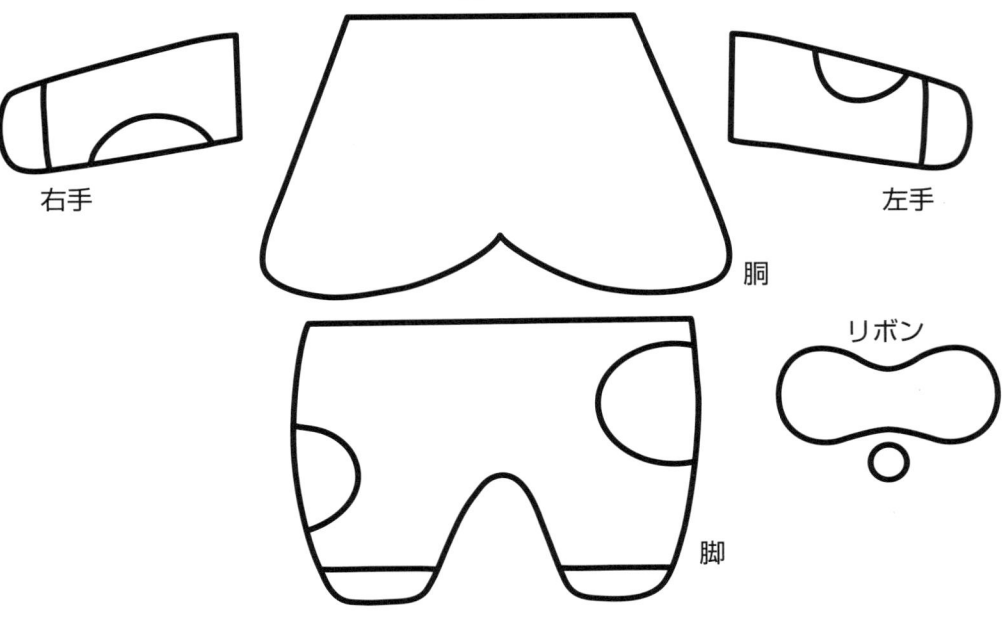

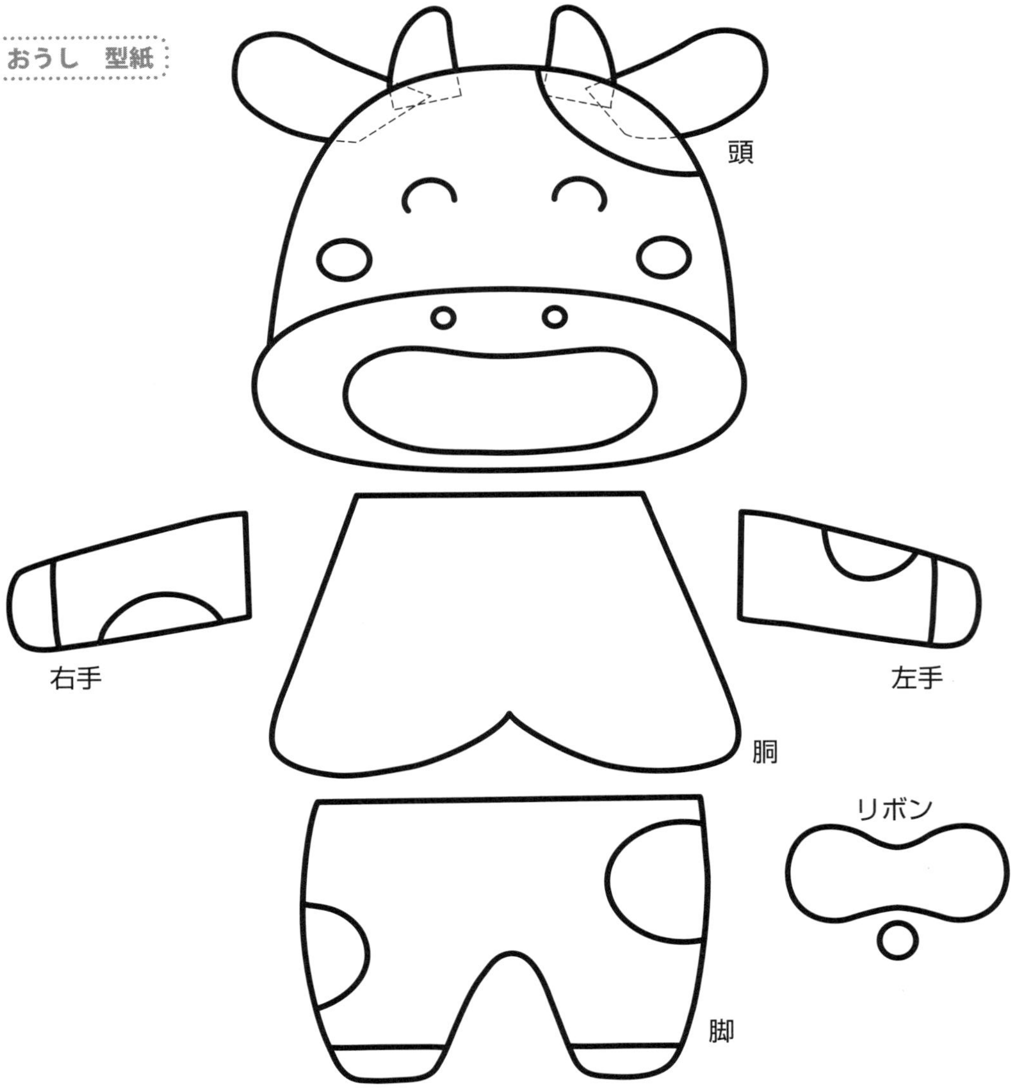

頭
右手
左手
胴
リボン
脚

おうし 作り方

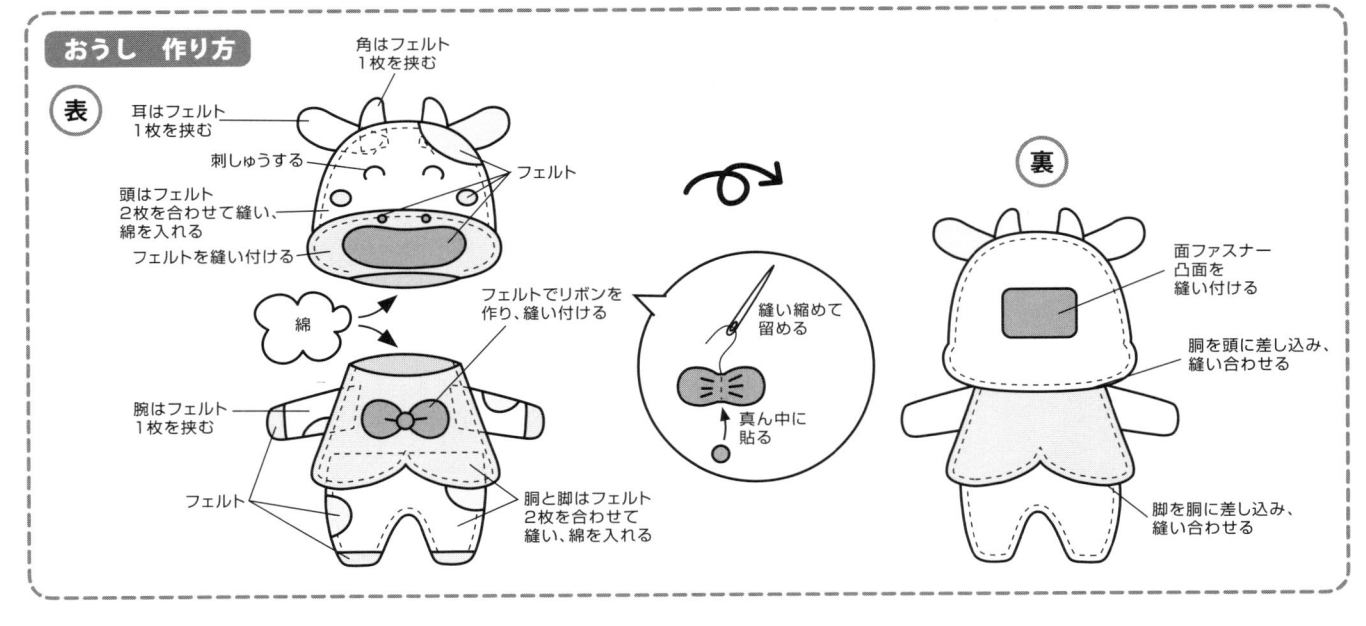

表

角はフェルト1枚を挟む
耳はフェルト1枚を挟む
刺しゅうする
フェルト
頭はフェルト2枚を合わせて縫い、綿を入れる
フェルトを縫い付ける

綿

フェルトでリボンを作り、縫い付ける
腕はフェルト1枚を挟む
フェルト
胴と脚はフェルト2枚を合わせて縫い、綿を入れる

縫い縮めて留める
真ん中に貼る

裏

面ファスナー凸面を縫い付ける
胴を頭に差し込み、縫い合わせる
脚を胴に差し込み、縫い合わせる

ぶた 作り方

※作り方はおうしと同様です。

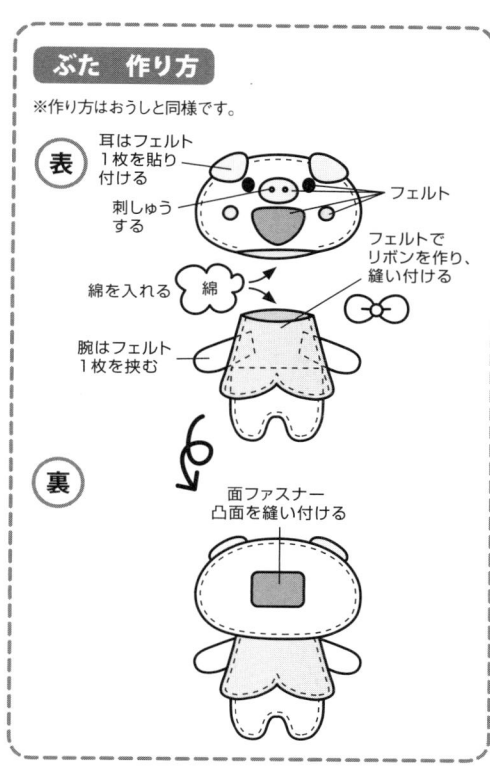

表
- 耳はフェルト1枚を貼り付ける
- 刺しゅうする
- フェルト
- フェルトでリボンを作り、縫い付ける
- 綿を入れる
- 腕はフェルト1枚を挟む

裏
- 面ファスナー凸面を縫い付ける

かたつむり 作り方

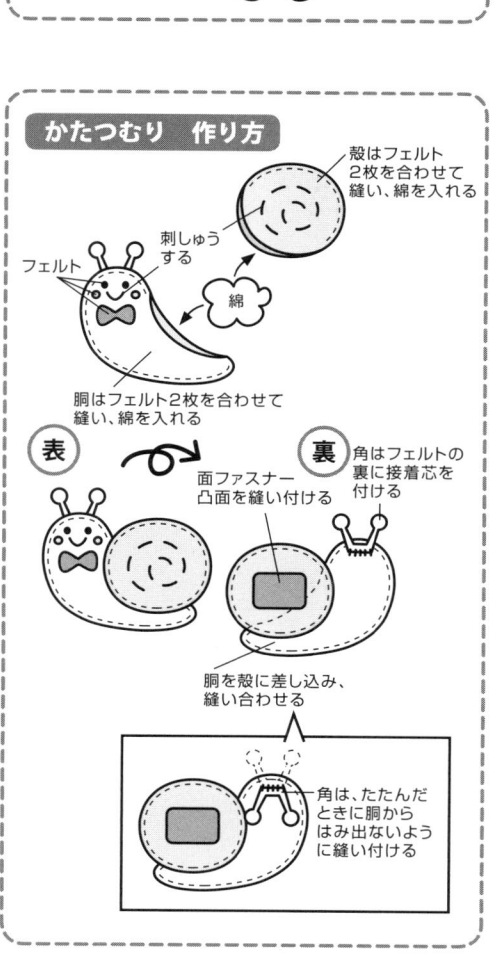

- 殻はフェルト2枚を合わせて縫い、綿を入れる
- 刺しゅうする
- フェルト
- 綿
- 胴はフェルト2枚を合わせて縫い、綿を入れる

表 / 裏
- 面ファスナー凸面を縫い付ける
- 角はフェルトの裏に接着芯を付ける
- 胴を殻に差し込み、縫い合わせる
- 角は、たたんだときに胴からはみ出ないように縫い付ける

ぶた 型紙

125%に拡大コピー

- 頭
- 右手 / 左手
- 胴
- リボン
- 脚

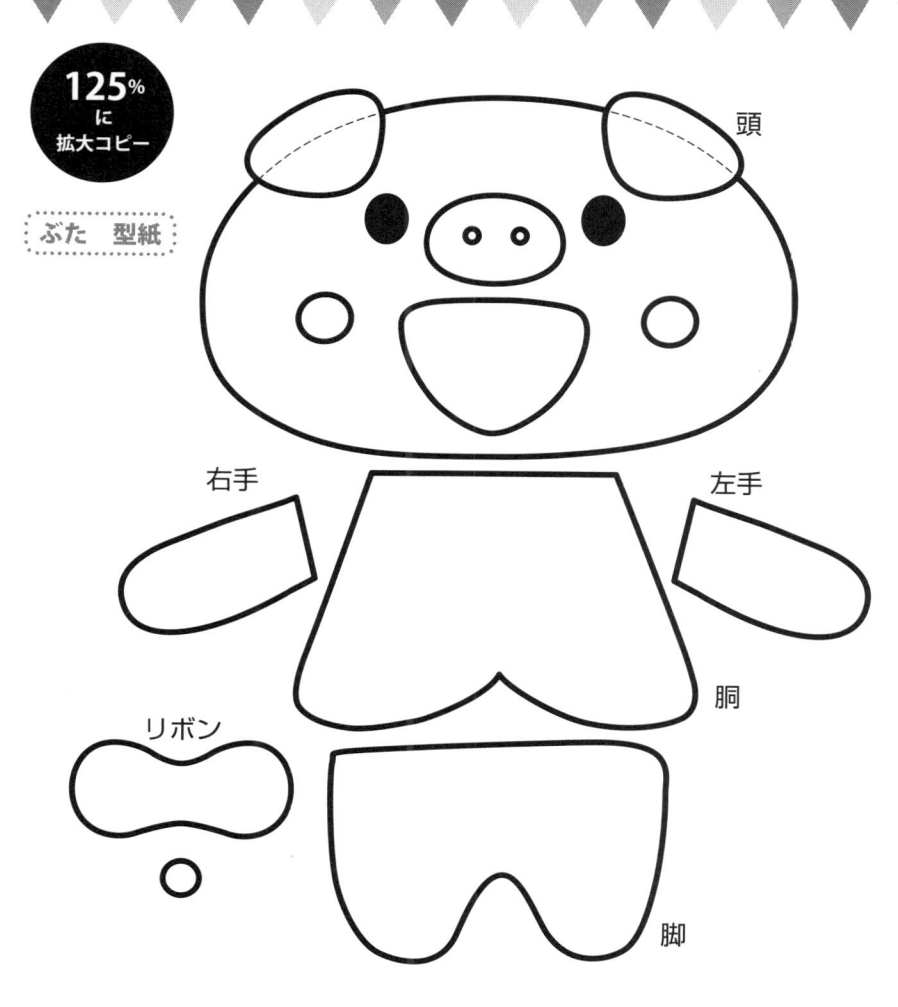

かたつむり 型紙

- 角
- 殻
- 胴

125%に拡大コピー

あひる 型紙

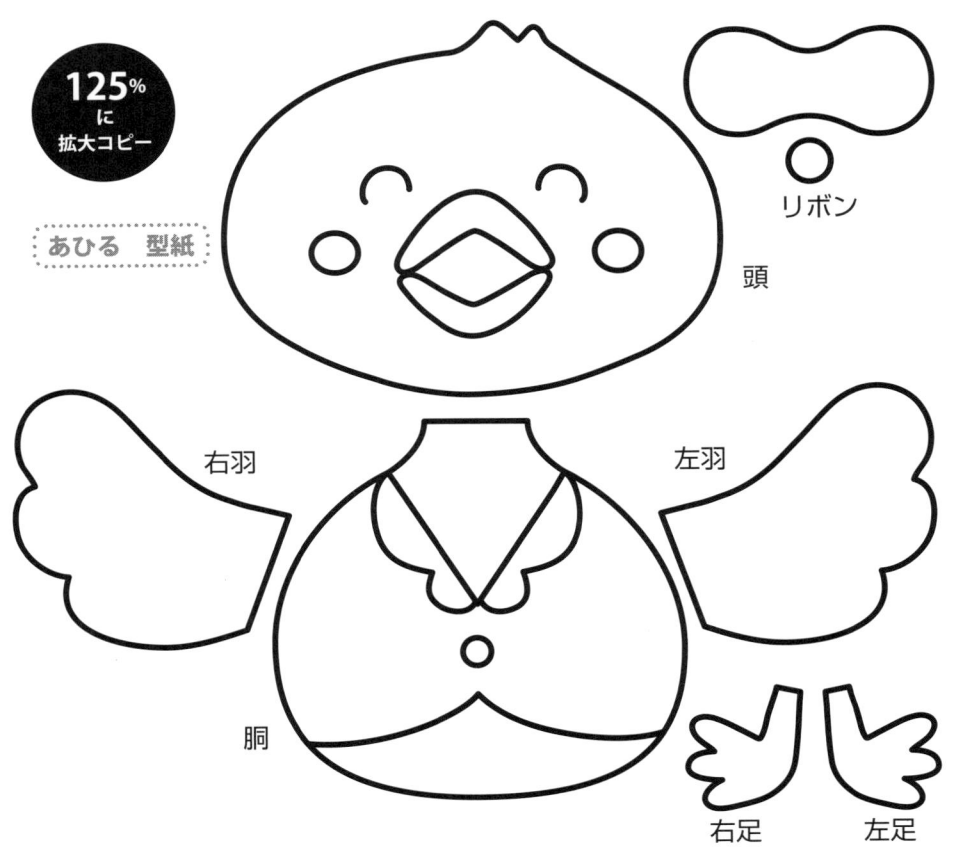

リボン
頭
右羽
左羽
胴
右足
左足

あひる 作り方
※作り方はおうしと同様です。

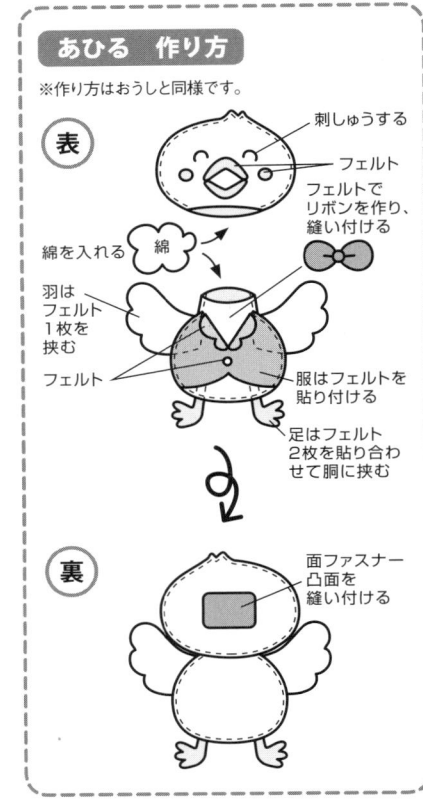

表
- 刺しゅうする
- フェルト
- フェルトでリボンを作り、縫い付ける
- 綿を入れる　綿
- 羽はフェルト1枚を挟む
- フェルト
- 服はフェルトを貼り付ける
- 足はフェルト2枚を貼り合わせて胴に挟む

裏
- 面ファスナー凸面を縫い付ける

ひよこ 型紙

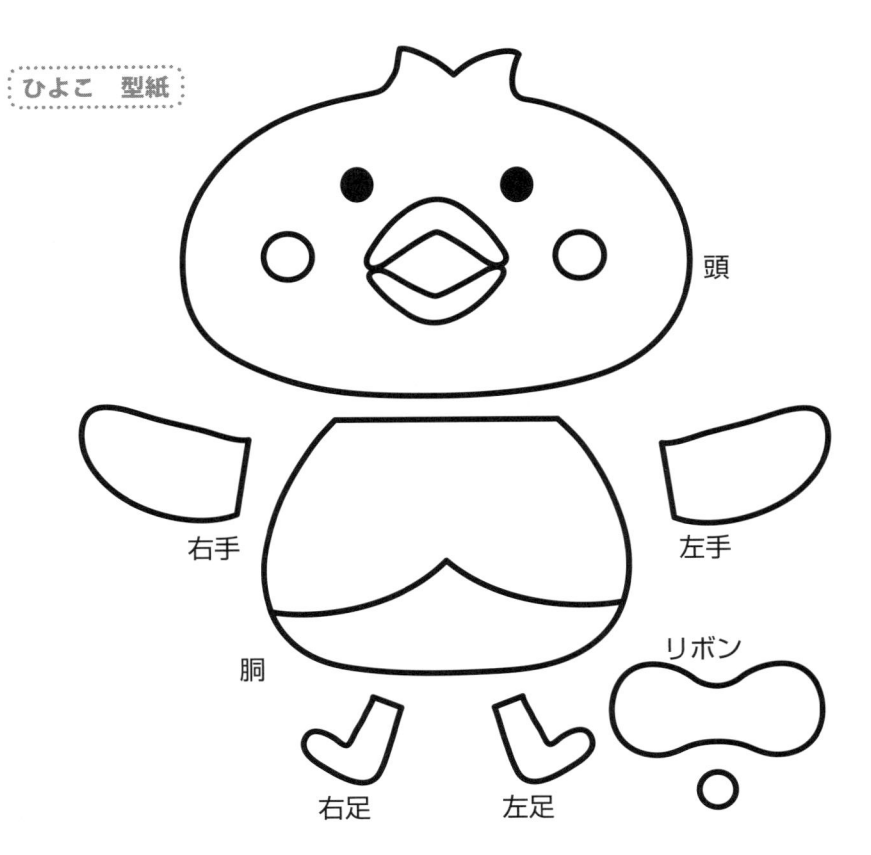

頭
右手
左手
胴
リボン
右足
左足

ひよこ 作り方
※作り方はおうしと同様です。

表
- フェルト
- フェルトでリボンを作り、縫い付ける
- 綿を入れる　綿
- 羽はフェルト1枚を挟む
- 服はフェルトを貼り付ける
- 足はフェルト2枚を貼り合わせて胴に挟む

裏
- 面ファスナー凸面を縫い付ける

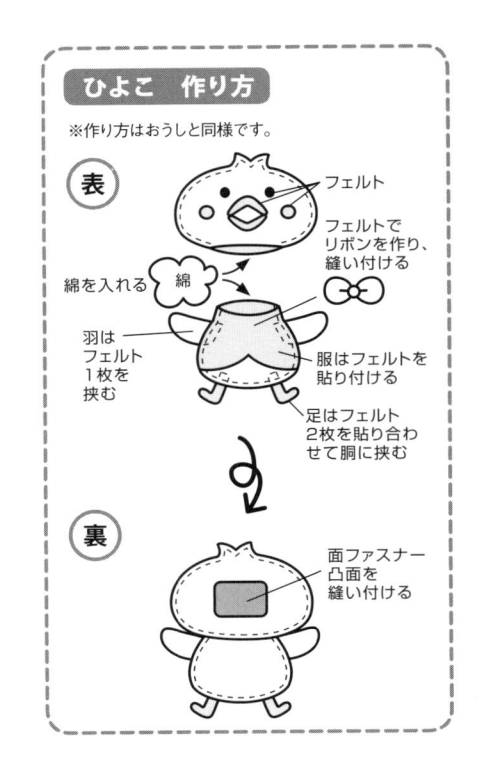

迷子のチャッピー 型紙＆作り方

おはなし＆演じ方は 32〜37ページ

エプロンの材料
キルティング地の布、綿テープ、面ファスナー、ナイロン地の布、フェルト、刺しゅう糸

人形の材料
フェルト、面ファスナー、綿、綿ロープ、ナイロン地の布、刺しゅう糸

※サイズは、できあがり寸法です。キルティング地の布、木綿地の布は、できあがり寸法に縫い代1〜1.5cmを加えて裁ちます。
※面ファスナーの位置は、人形を置いて決めるとよいでしょう。
※特に記載のない場合は、接着剤で貼ります。
※人形を作る際は、手でかがっても、ミシンで縫ってもどちらでもOKです。

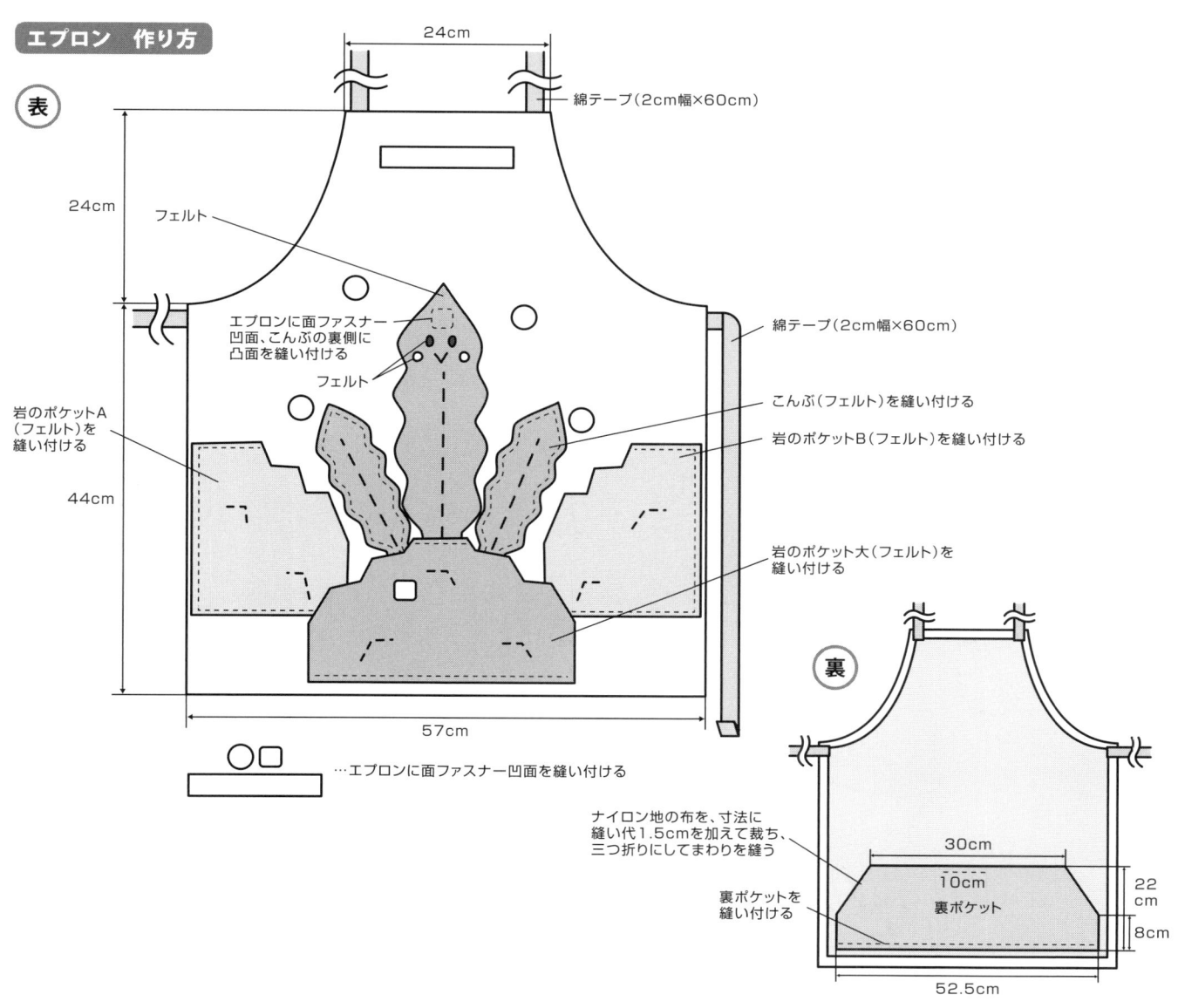

エプロン 作り方

表

- 24cm
- 綿テープ（2cm幅×60cm）
- フェルト
- エプロンに面ファスナー凹面、こんぶの裏側に凸面を縫い付ける
- フェルト
- 24cm
- 岩のポケットA（フェルト）を縫い付ける
- 44cm
- 綿テープ（2cm幅×60cm）
- こんぶ（フェルト）を縫い付ける
- 岩のポケットB（フェルト）を縫い付ける
- 岩のポケット大（フェルト）を縫い付ける
- 57cm
- …エプロンに面ファスナー凹面を縫い付ける

裏

- ナイロン地の布を、寸法に縫い代1.5cmを加えて裁ち、三つ折りにしてまわりを縫う
- 裏ポケットを縫い付ける
- 30cm
- 10cm
- 裏ポケット
- 22cm
- 8cm
- 52.5cm

83

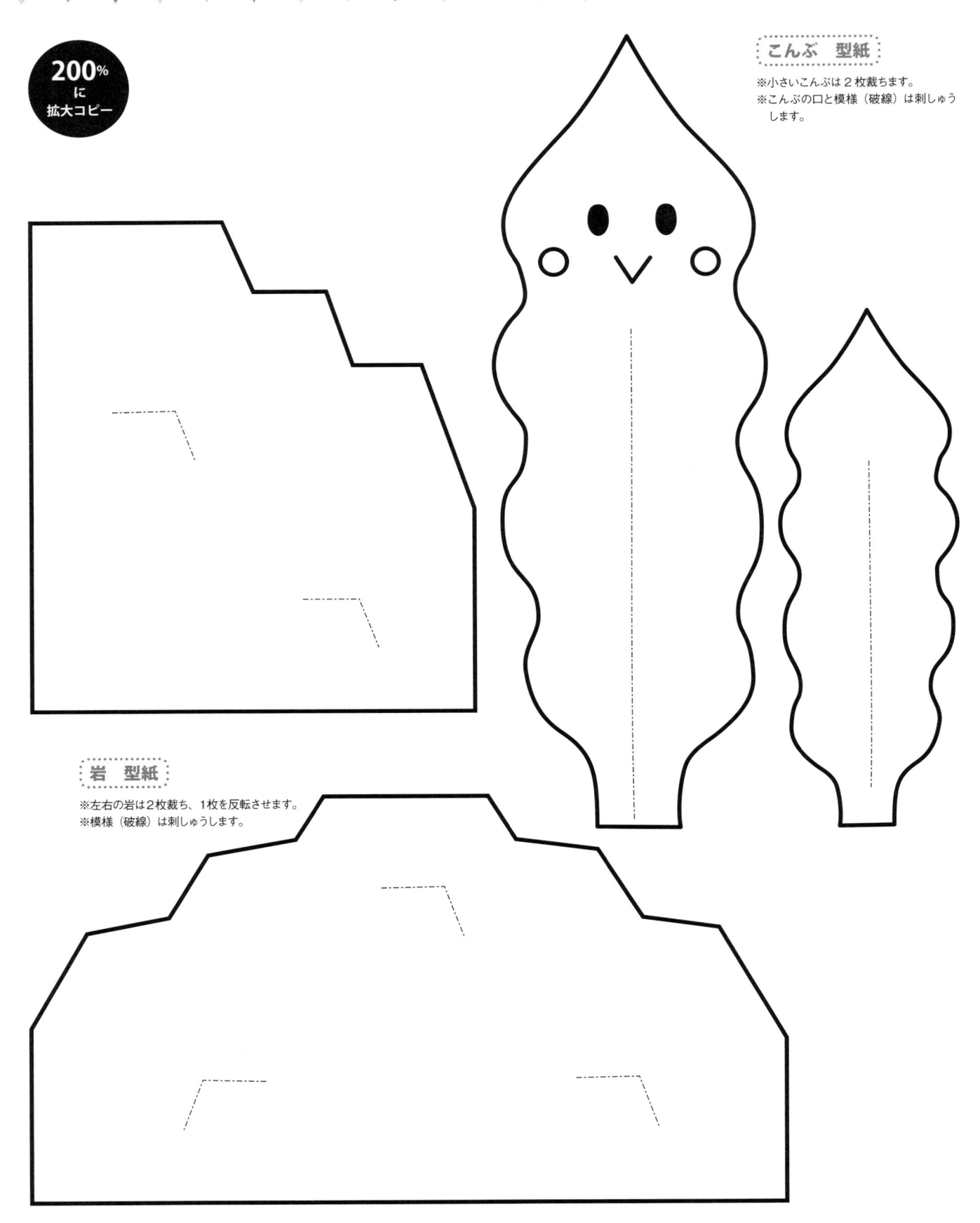

200%に拡大コピー

こんぶ 型紙
※小さいこんぶは2枚裁ちます。
※こんぶの口と模様（破線）は刺しゅうします。

岩 型紙
※左右の岩は2枚裁ち、1枚を反転させます。
※模様（破線）は刺しゅうします。

実寸型紙

チャッピー 型紙

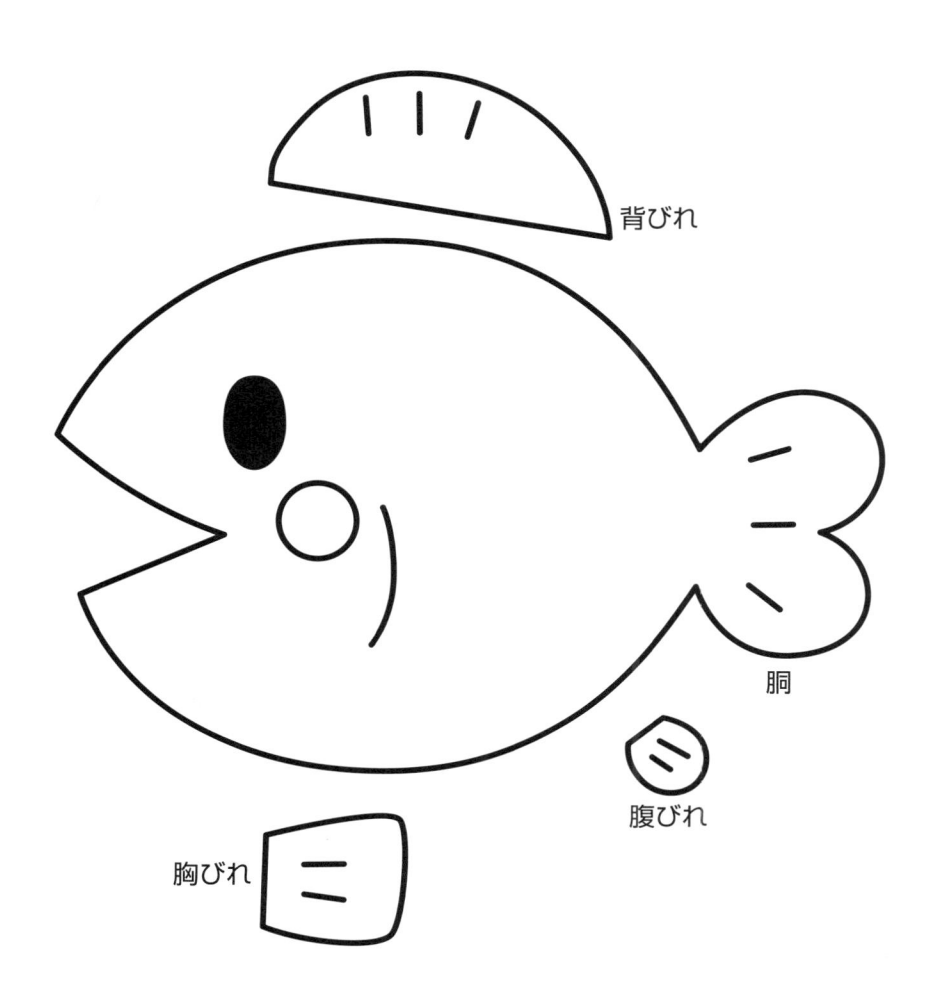

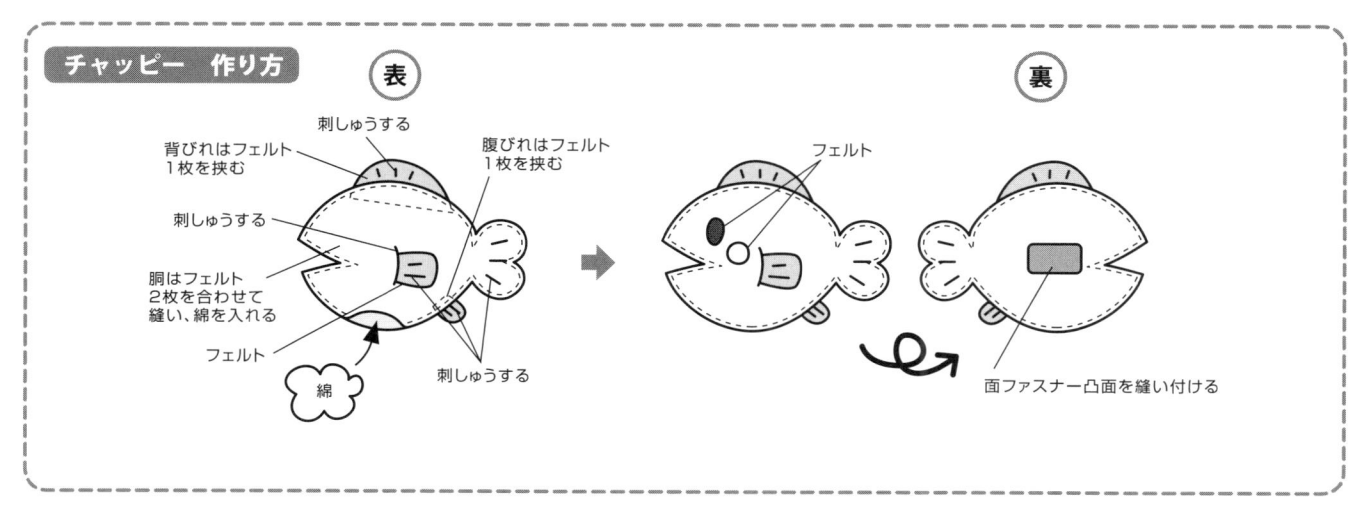

背びれ

胴

腹びれ

胸びれ

チャッピー 作り方

表

- 背びれはフェルト1枚を挟む
- 刺しゅうする
- 腹びれはフェルト1枚を挟む
- 刺しゅうする
- 胴はフェルト2枚を合わせて縫い、綿を入れる
- フェルト
- 綿
- 刺しゅうする

裏

- フェルト
- 面ファスナー凸面を縫い付ける

魚の群れ 作り方

※魚の群れの魚は、チャッピーの型紙から頬をとり、フェルト1枚で作ります。全部で9体作ってください。

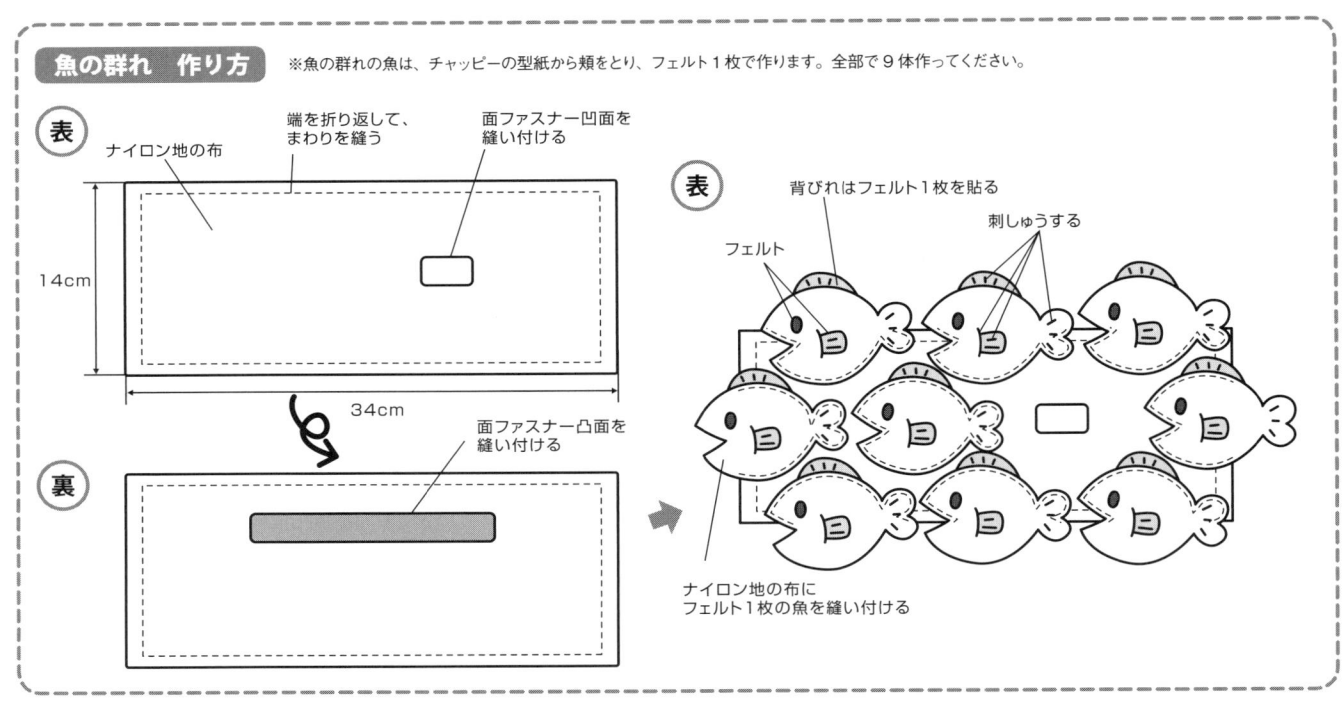

表
- ナイロン地の布
- 端を折り返して、まわりを縫う
- 面ファスナー凹面を縫い付ける
- 14cm × 34cm

裏
- 面ファスナー凸面を縫い付ける

表
- 背びれはフェルト1枚を貼る
- フェルト
- 刺しゅうする
- ナイロン地の布にフェルト1枚の魚を縫い付ける

くらげ 作り方

※胴の作り方は、チャッピーと同様です。
裏側に面ファスナー凸面を縫い付けます。

- フェルト
- 脚は綿ロープを挟む
- 綿ロープの裁ち端には接着剤を付けて、ほつれ止めをする

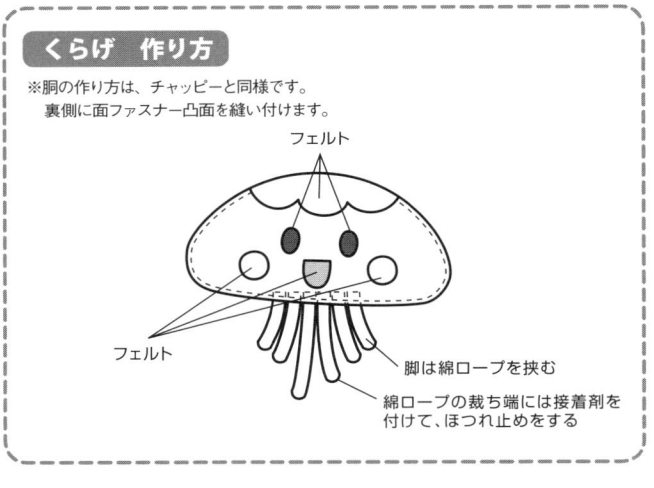

ふぐ 作り方

※胴の作り方は、チャッピーと同様です。
裏側に面ファスナー凸面を縫い付けます。

- フェルト
- 背びれはフェルト1枚を挟む
- 刺しゅうする
- 口はフェルト1枚を挟む
- 尾ひれはフェルト1枚を挟む
- 腹びれはフェルト1枚を挟む
- フェルト

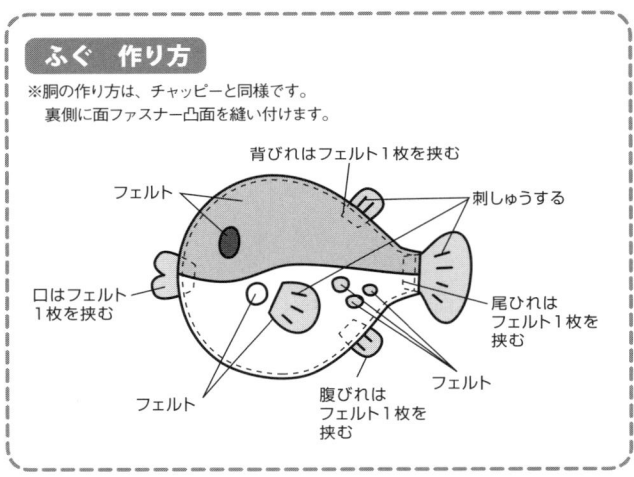

かに 作り方

※胴の作り方は、チャッピーと同様です。
裏側に面ファスナー凸面を縫い付けます。

- はさみはフェルト2枚を合わせて縫い、胴に挟んで縫う
- フェルト
- 脚はフェルト1枚を挟む
- フェルト

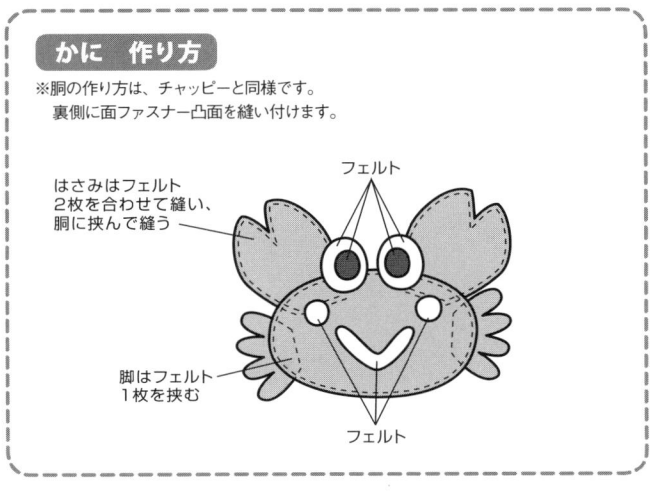

125%に拡大コピー

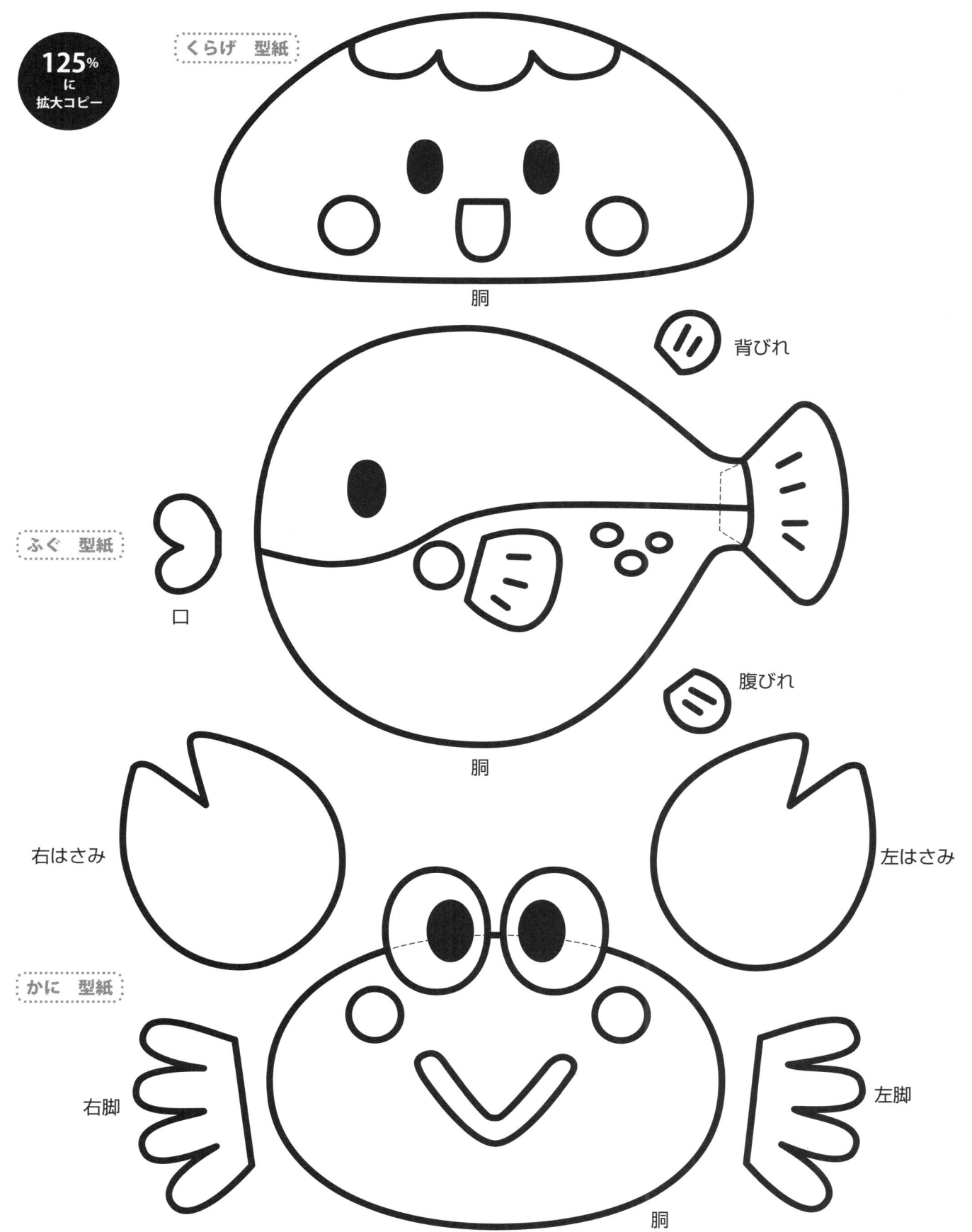

くらげ 型紙

胴

ふぐ 型紙

背びれ

口

腹びれ

胴

かに 型紙

右はさみ

左はさみ

右脚

左脚

胴

200%に拡大コピー

くじら 型紙

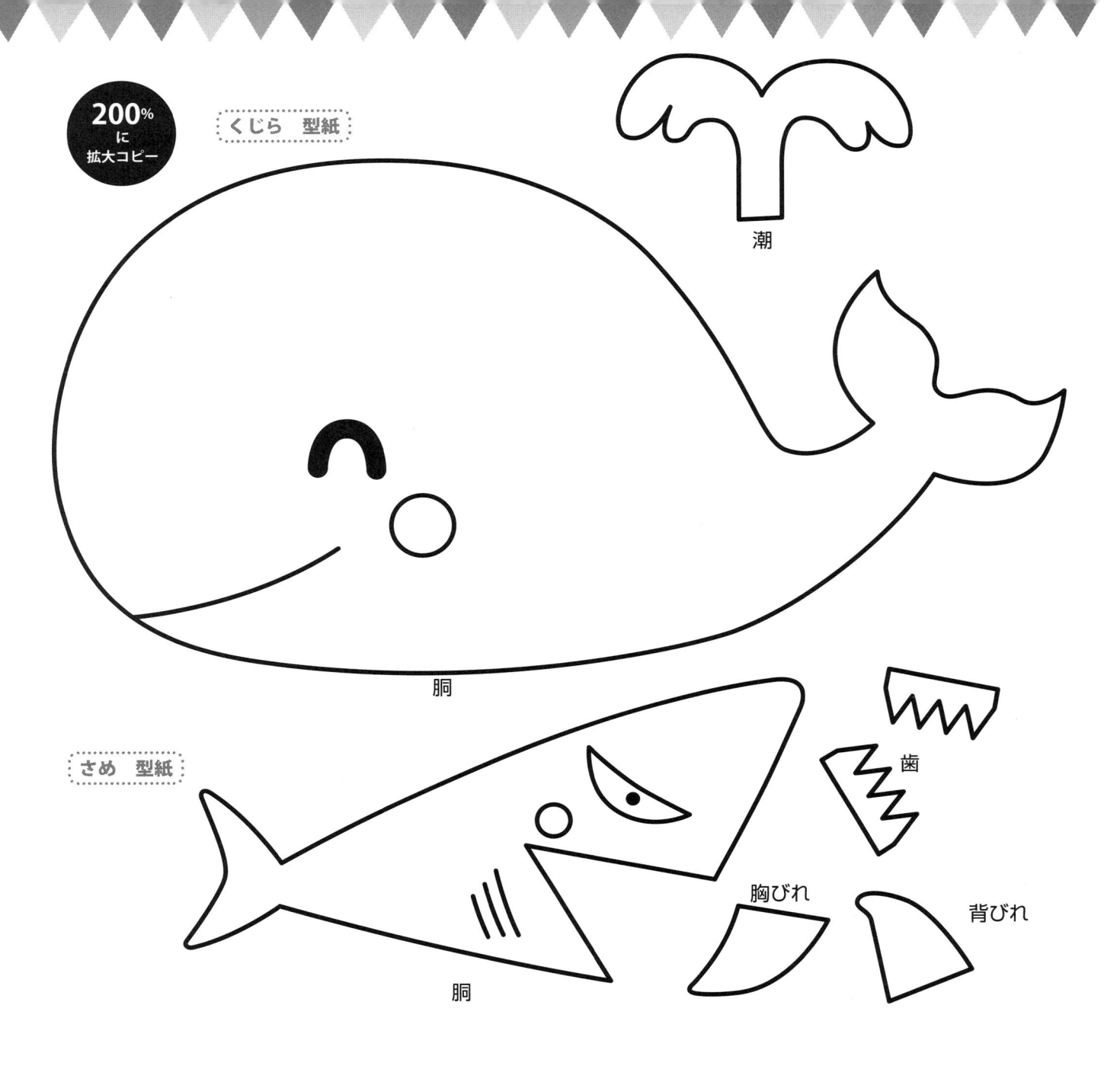

潮

胴

さめ 型紙

歯

胸びれ

背びれ

胴

くじら 作り方
※胴の作り方は、チャッピーと同様です。裏側に面ファスナー凸面を縫い付けます。

- 潮はフェルト1枚を挟む
- フェルト
- 刺しゅうする

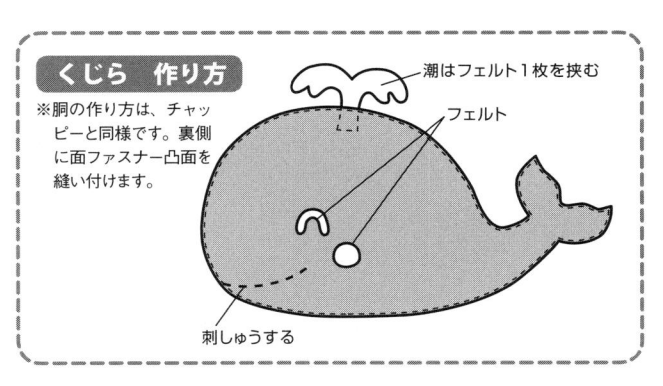

さめ 作り方
※胴の作り方は、チャッピーと同様です。裏側に面ファスナー凸面を縫い付けます。

- 背びれはフェルト2枚を合わせて縫い、胴に挟んで縫う
- フェルト
- 胸びれはフェルト2枚を合わせて縫い、胴に挟んで縫う
- 刺しゅうする
- 歯はフェルト1枚を挟む

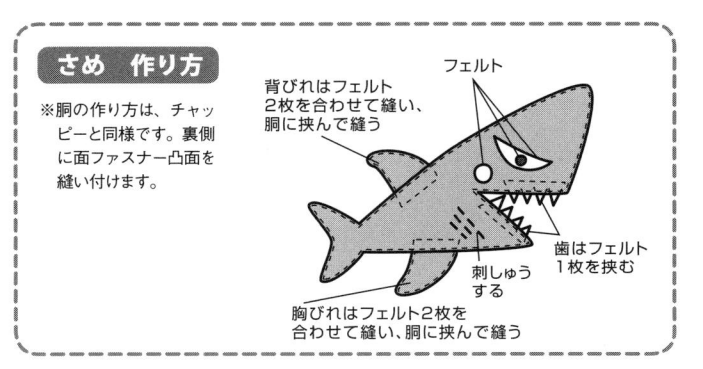

もちつきこばん

型紙 & 作り方

おはなし&演じ方は 38〜43ページ

エプロンの材料
キルティング地の布、木綿地の布、綿テープ、面ファスナー、フェルト、刺しゅう糸

人形の材料
フェルト、面ファスナー、綿、刺しゅう糸

小道具（小判）の材料
金色の色画用紙、糸

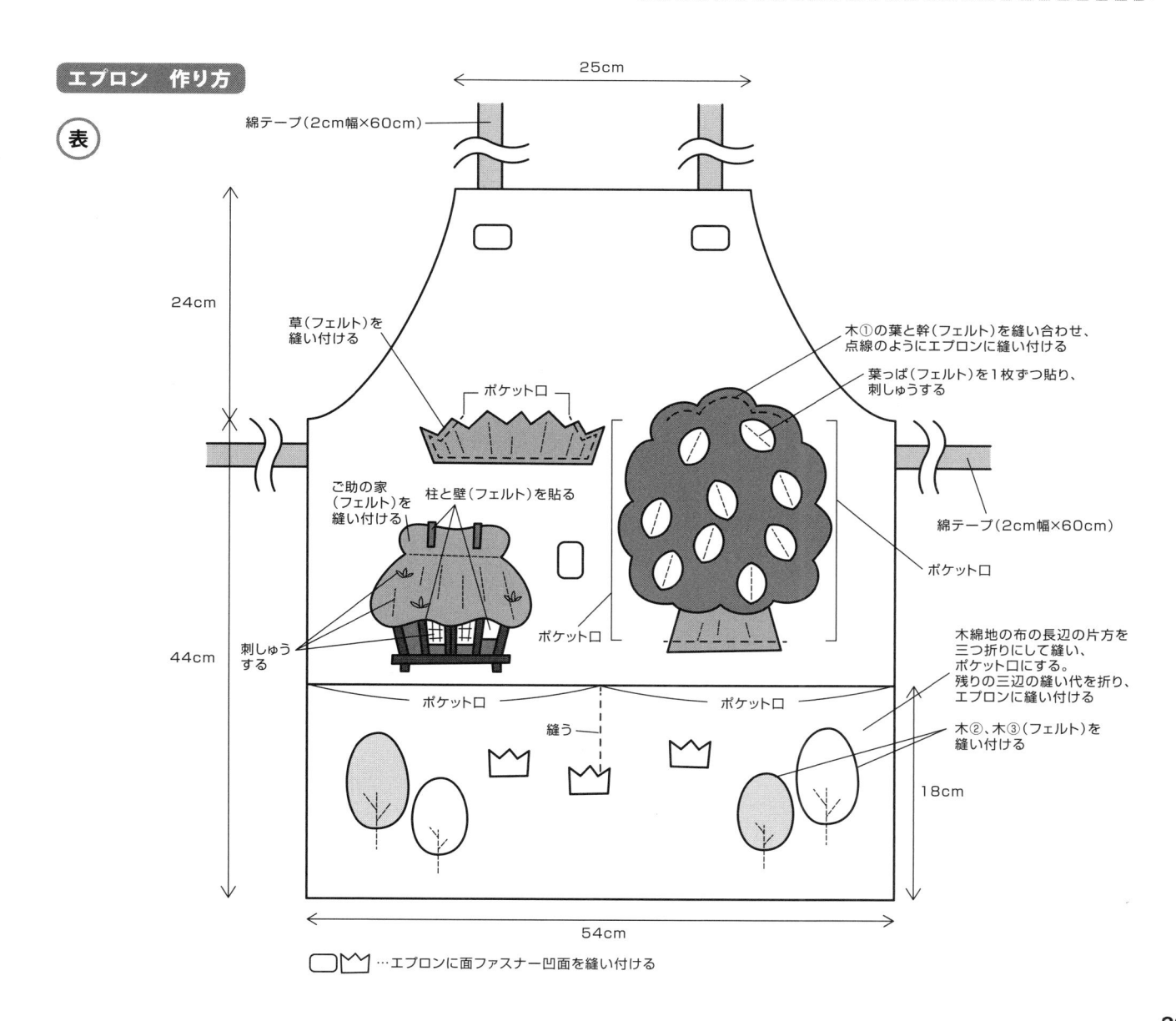

※サイズは、できあがり寸法です。キルティング地の布、木綿地の布は、できあがり寸法に縫い代1〜1.5cmを加えて裁ちます。
※面ファスナーの位置は、人形を置いて決めるとよいでしょう。
※特に記載のない場合は、接着剤で貼ります。
※人形を作る際は、手でかがっても、ミシンで縫ってもどちらでもOKです。

エプロン 作り方

表

- 25cm
- 綿テープ（2cm幅×60cm）
- 24cm
- 草（フェルト）を縫い付ける
- ポケット口
- 木①の葉と幹（フェルト）を縫い合わせ、点線のようにエプロンに縫い付ける
- 葉っぱ（フェルト）を1枚ずつ貼り、刺しゅうする
- ご助の家（フェルト）を縫い付ける
- 柱と壁（フェルト）を貼る
- 綿テープ（2cm幅×60cm）
- ポケット口
- 刺しゅうする
- ポケット口
- ポケット口
- 縫う
- 木綿地の布の長辺の片方を三つ折りにして縫い、ポケット口にする。残りの三辺の縫い代を折り、エプロンに縫い付ける
- 木②、木③（フェルト）を縫い付ける
- 44cm
- 18cm
- 54cm

▢♛…エプロンに面ファスナー凹面を縫い付ける

89

200%に拡大コピー

ご助の家　型紙

木①　型紙

草　型紙　※模様は刺しゅうします。

木②　型紙　※幹は刺しゅうします。

木③　型紙

森 型紙

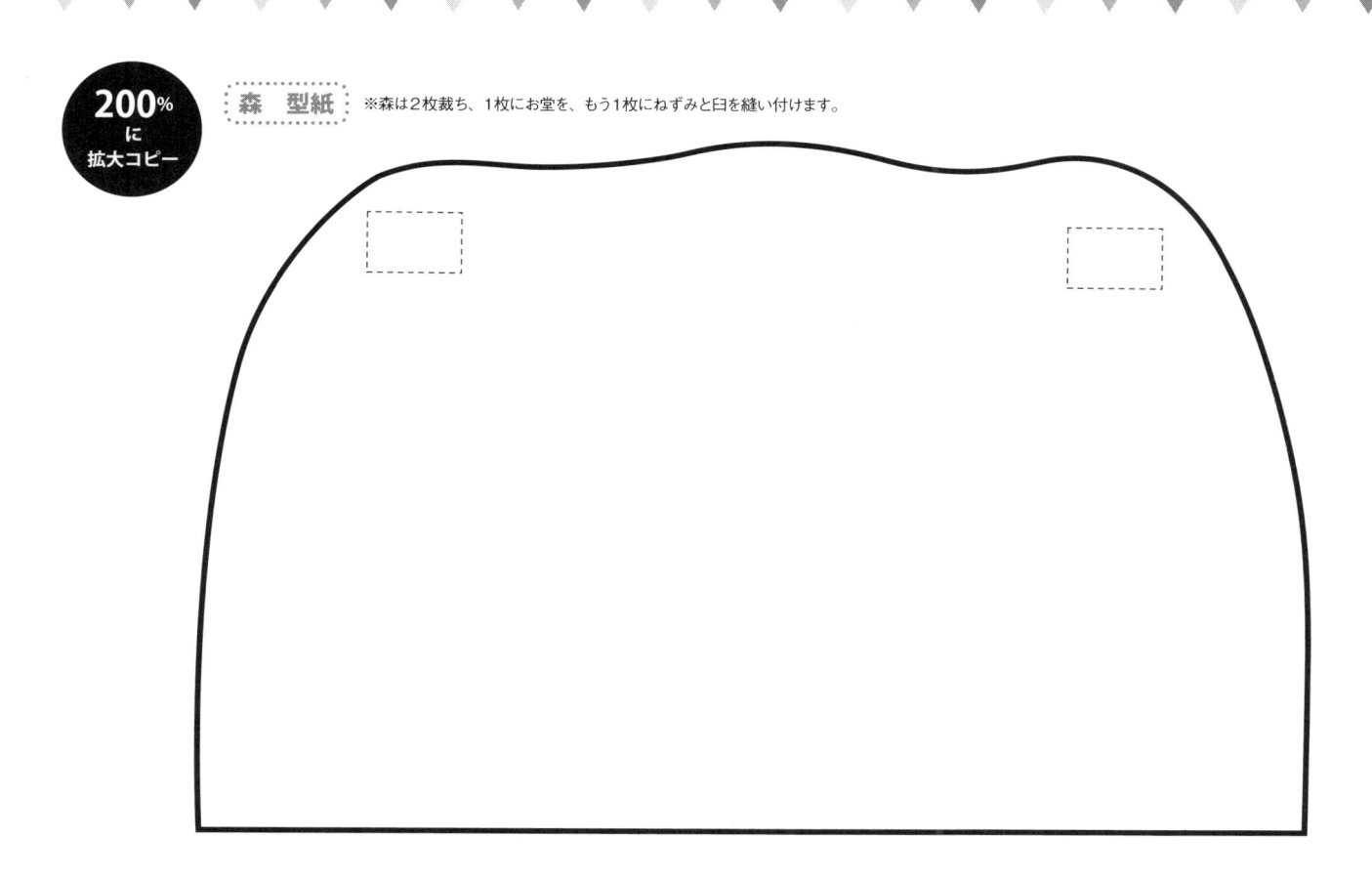

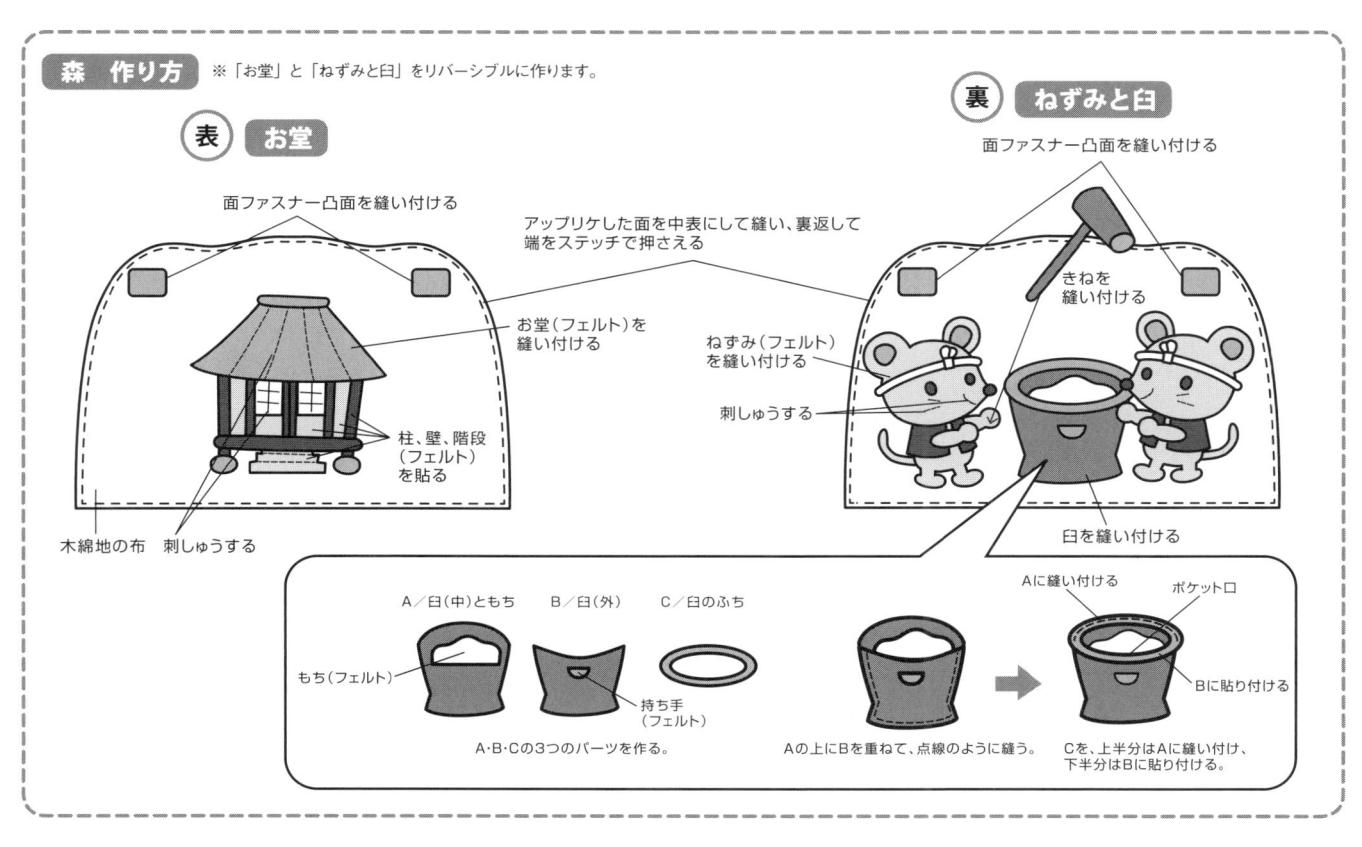

200%に拡大コピー

※森は2枚裁ち、1枚にお堂を、もう1枚にねずみと臼を縫い付けます。

森 作り方

※「お堂」と「ねずみと臼」をリバーシブルに作ります。

表 お堂

- 面ファスナー凸面を縫い付ける
- アップリケした面を中表にして縫い、裏返して端をステッチで押さえる
- お堂（フェルト）を縫い付ける
- 柱、壁、階段（フェルト）を貼る
- 木綿地の布　刺しゅうする

裏 ねずみと臼

- 面ファスナー凸面を縫い付ける
- きねを縫い付ける
- ねずみ（フェルト）を縫い付ける
- 刺しゅうする
- 臼を縫い付ける

A／臼(中)ともち　B／臼(外)　C／臼のふち

- もち（フェルト）
- 持ち手（フェルト）

A・B・Cの3つのパーツを作る。

Aの上にBを重ねて、点線のように縫う。

- Aに縫い付ける
- ポケット口
- Bに貼り付ける

Cを、上半分はAに縫い付け、下半分はBに貼り付ける。

200%に拡大コピー

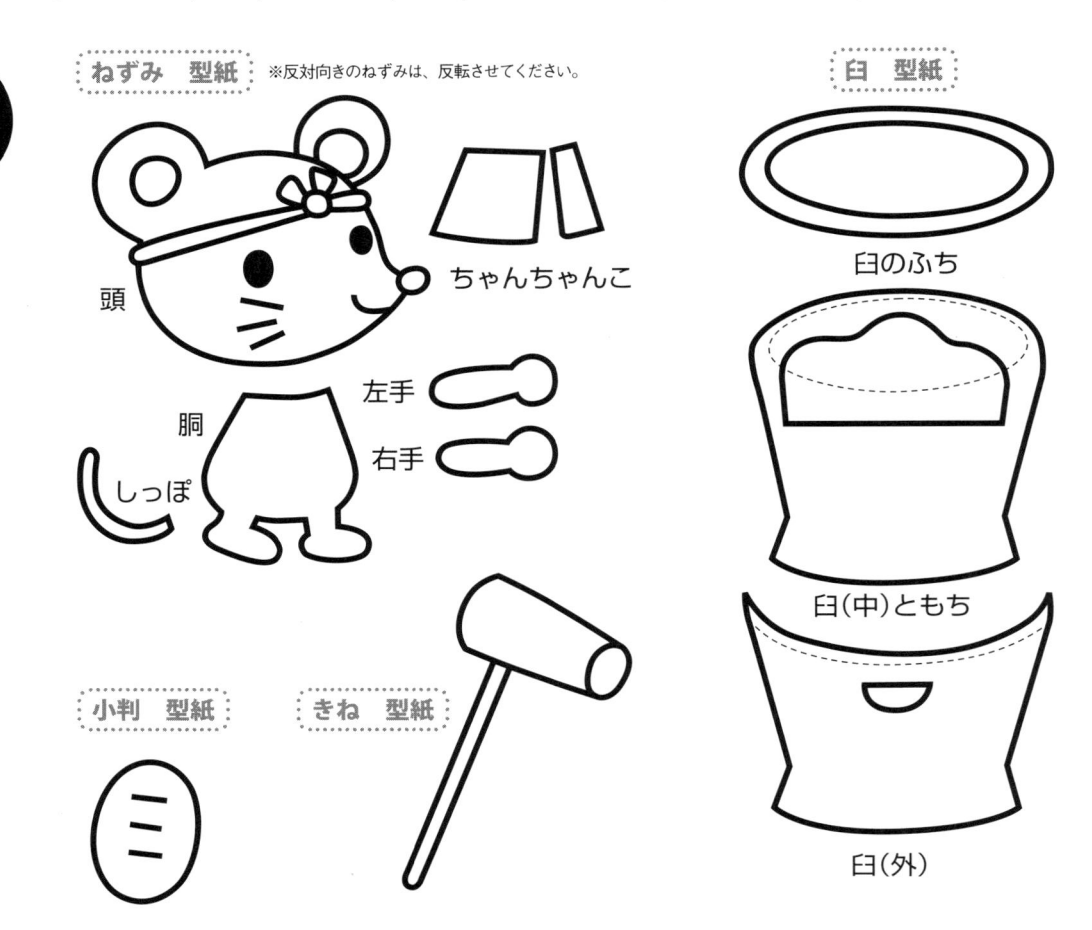

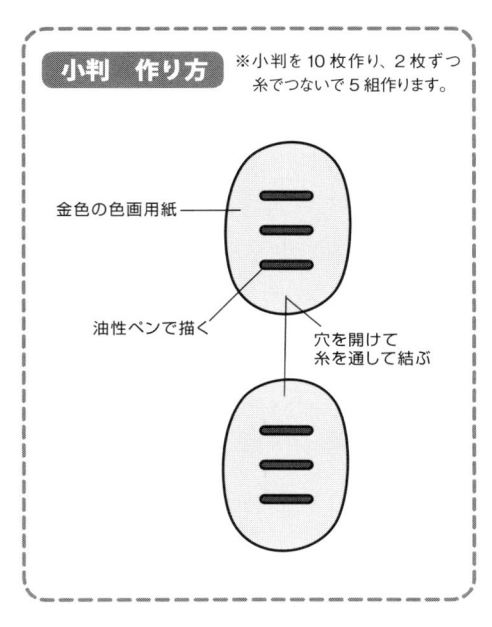

ねずみ 型紙　※反対向きのねずみは、反転させてください。

頭　ちゃんちゃんこ　胴　左手　右手　しっぽ

臼 型紙　臼のふち　臼(中)ともち　臼(外)

小判 型紙　きね 型紙

小判 作り方　※小判を10枚作り、2枚ずつ糸でつないで5組作ります。

- 金色の色画用紙
- 油性ペンで描く
- 穴を開けて糸を通して結ぶ

お堂 型紙

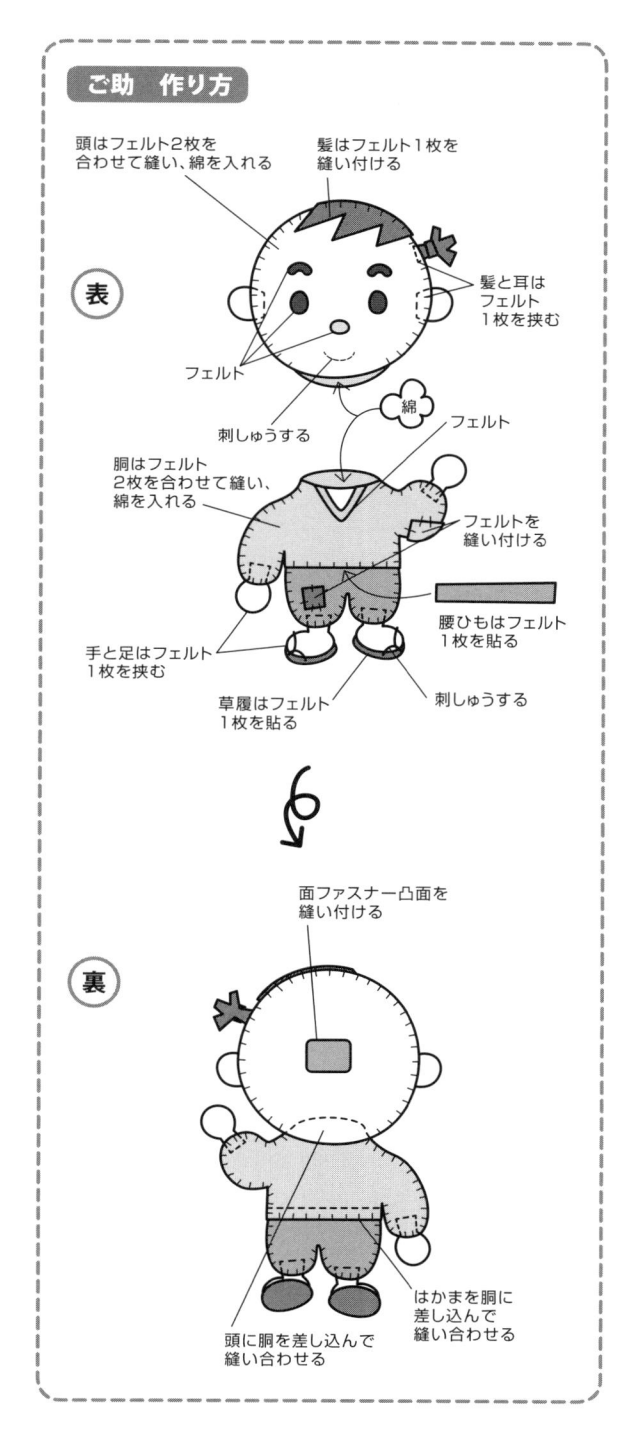

実寸型紙

ご助　型紙

ご助　作り方

表

- 頭はフェルト2枚を合わせて縫い、綿を入れる
- 髪はフェルト1枚を縫い付ける
- 髪と耳はフェルト1枚を挟む
- フェルト
- 綿
- フェルト
- 刺しゅうする
- 胴はフェルト2枚を合わせて縫い、綿を入れる
- フェルトを縫い付ける
- 腰ひもはフェルト1枚を貼る
- 手と足はフェルト1枚を挟む
- 草履はフェルト1枚を貼る
- 刺しゅうする

裏

- 面ファスナー凸面を縫い付ける
- 頭に胴を差し込んで縫い合わせる
- はかまを胴に差し込んで縫い合わせる

右手　左手
頭
胴
右足　左足

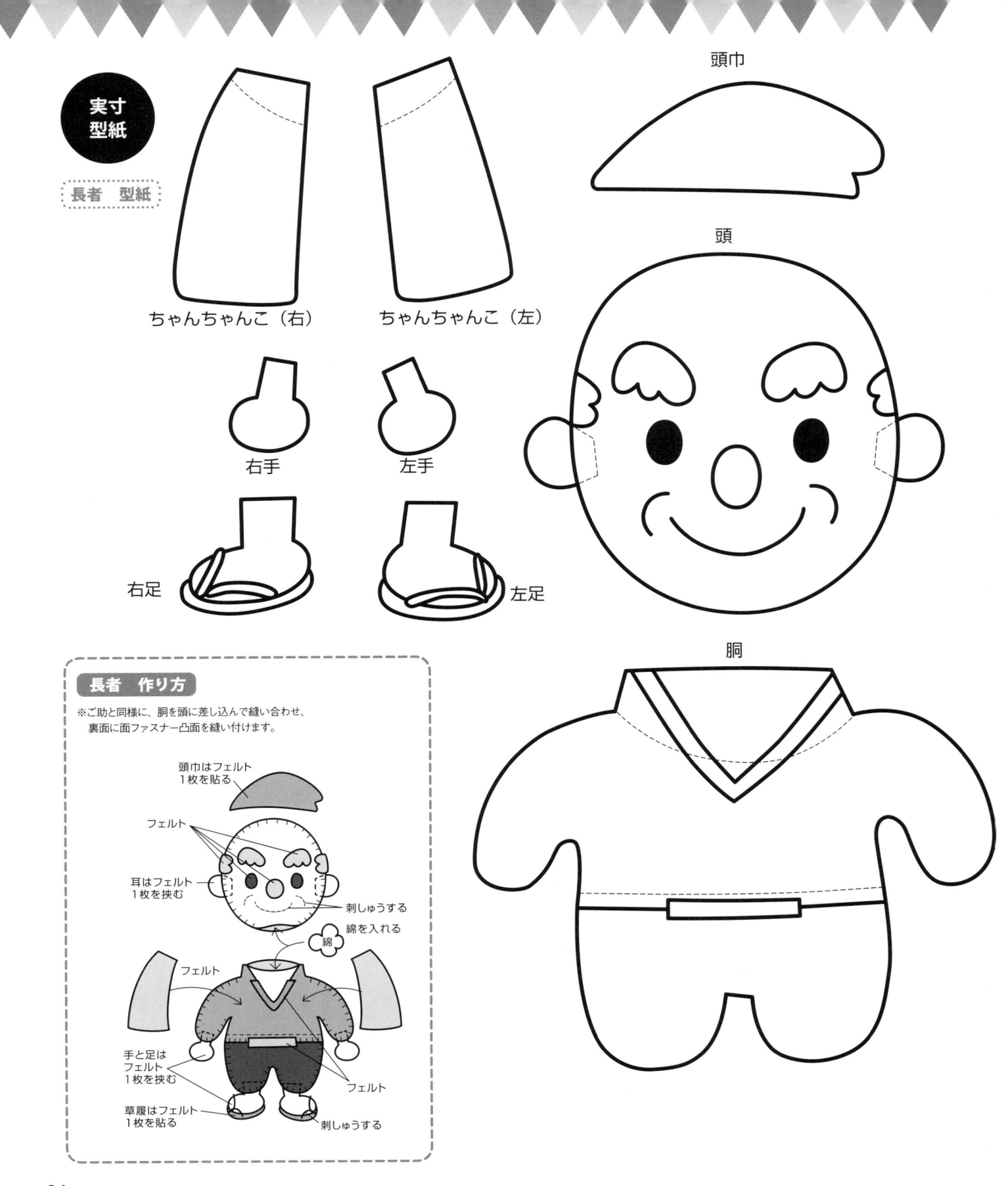

実寸型紙

長者 型紙

ちゃんちゃんこ（右）　ちゃんちゃんこ（左）

右手　左手

右足　左足

頭巾

頭

胴

長者 作り方

※ご助と同様に、胴を頭に差し込んで縫い合わせ、裏面に面ファスナー凸面を縫い付けます。

- 頭巾はフェルト1枚を貼る
- フェルト
- 耳はフェルト1枚を挟む
- 刺しゅうする
- 綿を入れる
- フェルト
- 手と足はフェルト1枚を挟む
- フェルト
- 草履はフェルト1枚を貼る
- 刺しゅうする

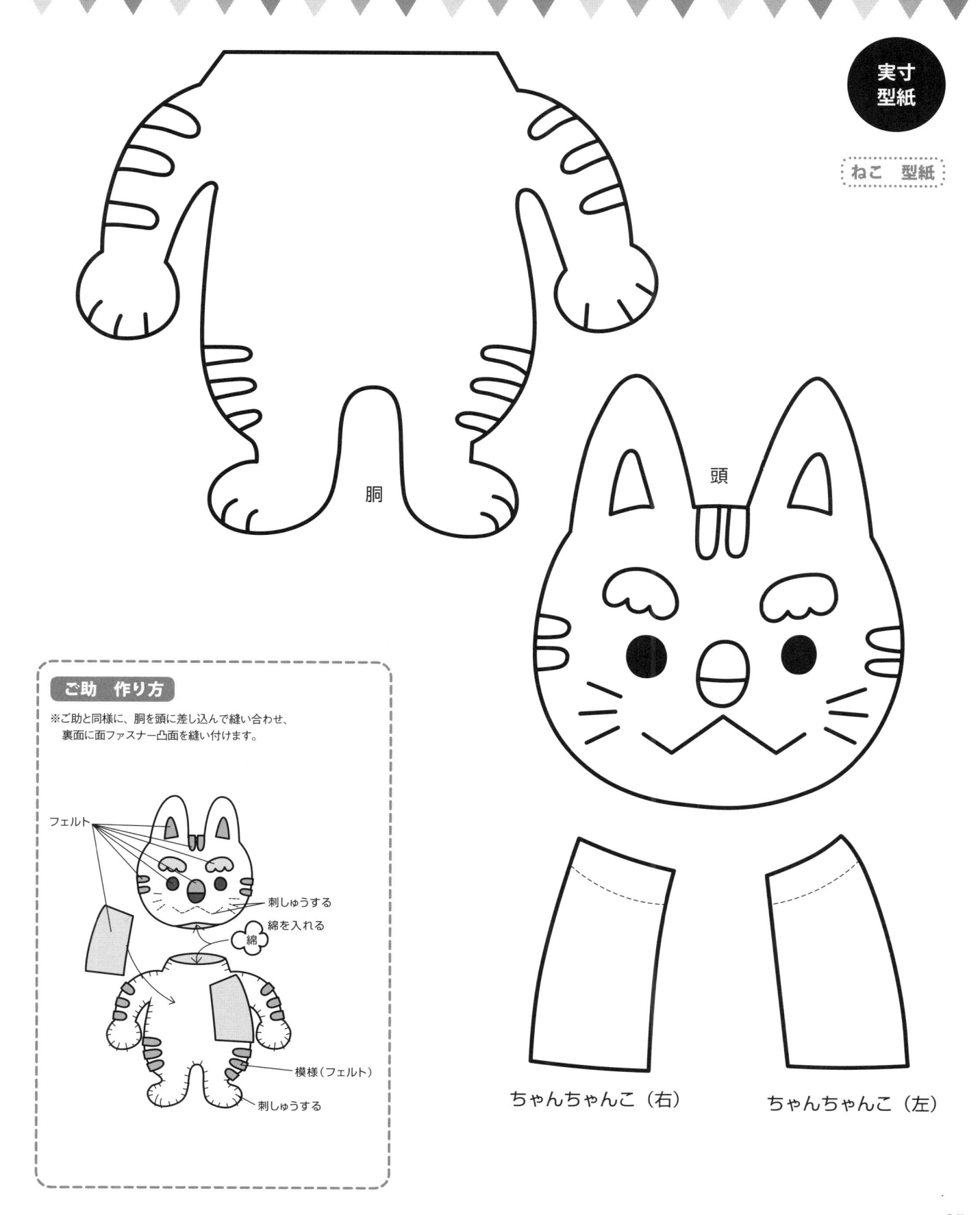

実寸型紙

ねこ 型紙

胴

頭

ご助 作り方

※ご助と同様に、胴を頭に差し込んで縫い合わせ、裏面に面ファスナー凸面を縫い付けます。

- フェルト
- 刺しゅうする
- 綿を入れる
- 模様（フェルト）
- 刺しゅうする

ちゃんちゃんこ（右）　　ちゃんちゃんこ（左）

125%に拡大コピー

いぬ 型紙
頭
胴
しっぽ
右後脚

にわとり 型紙
頭
胴
右足　左足

うま 型紙
たてがみ①
たてがみ②
しっぽ
胴
右後脚

いぬ 作り方
※裏面に面ファスナー凸面を縫い付けます。

胴はフェルト2枚を合わせて縫い、綿を入れる
耳と尾はフェルト1枚を挟む
フェルト
頭に胴を差し込んで縫い合わせる
フェルト2枚を合わせて縫い、胴の裏側に縫い付ける

にわとり 作り方
※裏面に面ファスナー凸面を縫い付けます。

フェルト1枚を挟む
フェルト
フェルト2枚を合わせて縫い、綿を入れる
頭に胴を差し込んで縫い合わせる
羽はフェルト1枚を縫い付ける
フェルト1枚を挟む

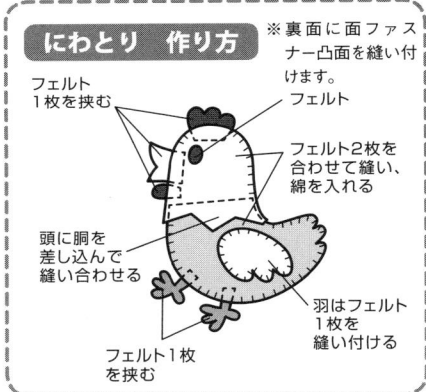

うま 作り方
※裏面に面ファスナー凸面を縫い付けます。

フェルト
フェルト1枚を挟む
刺しゅうする
フェルト
胴はフェルト2枚を合わせて縫い、綿を入れる
フェルト2枚を合わせて縫い、胴の裏側に縫い付ける

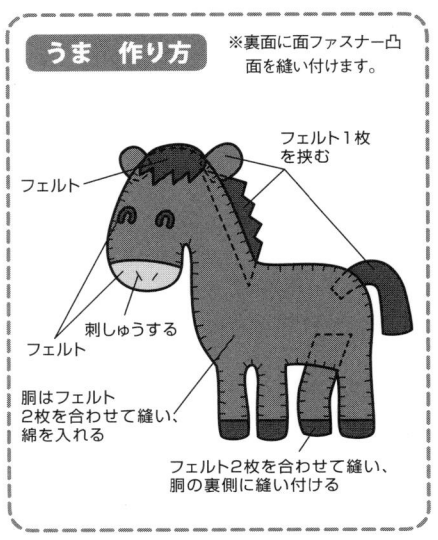

ブレーメンに行こう！

型紙&作り方

おはなし&演じ方は44～48ページ

エプロンの材料
キルティング地の布、木綿地の布、綿テープ、面ファスナー、フェルト、チロリアンテープ、接着芯、刺しゅう糸

人形の材料
フェルト、面ファスナー、綿、刺しゅう糸

※サイズは、できあがり寸法です。キルティング地の布、木綿地の布は、できあがり寸法に縫い代1～1.5cmを加えて裁ちます。
※面ファスナーの位置は、人形を置いて決めるとよいでしょう。
※特に記載のない場合は、接着剤で貼ります。
※人形を作る際は、手でかがっても、ミシンで縫ってもどちらでもOKです。

エプロン　作り方

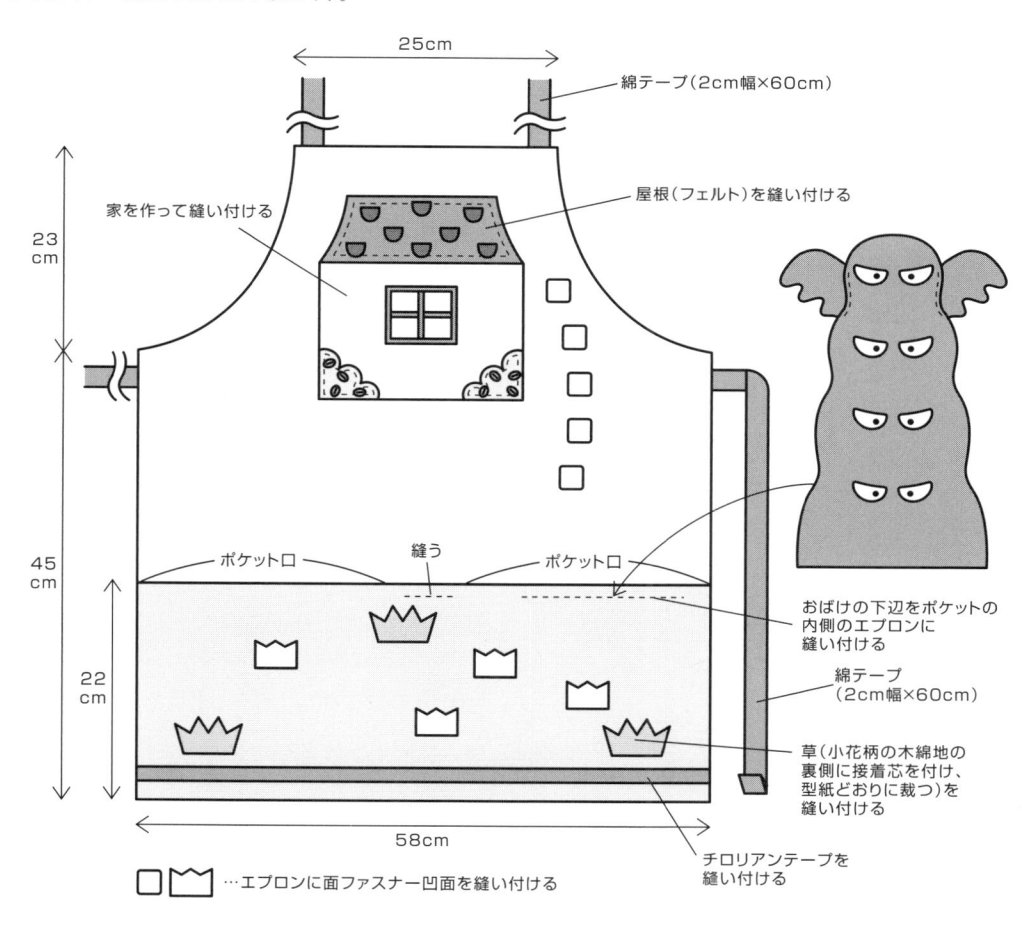

表

25cm
綿テープ（2cm幅×60cm）
23cm
家を作って縫い付ける
屋根（フェルト）を縫い付ける
45cm
ポケット口　縫う　ポケット口
おばけの下辺をポケットの内側のエプロンに縫い付ける
綿テープ（2cm幅×60cm）
22cm
草（小花柄の木綿地の裏側に接着芯を付け、型紙どおりに裁つ）を縫い付ける
58cm
チロリアンテープを縫い付ける

□ ⛆ …エプロンに面ファスナー凹面を縫い付ける

〈家を開いたところ〉

※家の詳しい作り方は、99ページを参照してください。

家を開くと・・・　戸棚を開くと・・・

家を下に開く

200%に拡大コピー

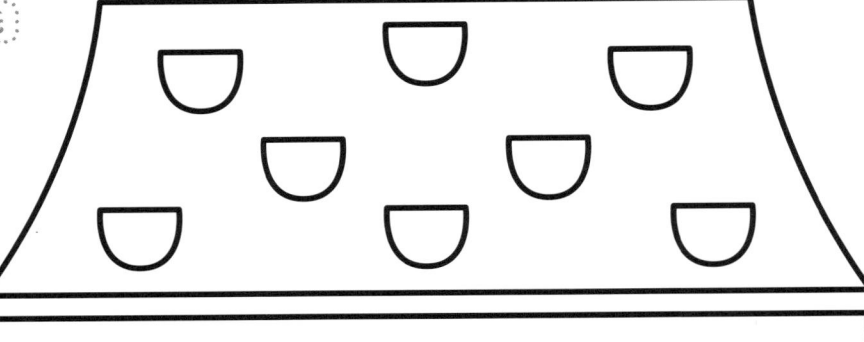

家の外 型紙

金貨 型紙

金貨 作り方
フェルト1枚
フェルト
エプロンに縫い付ける

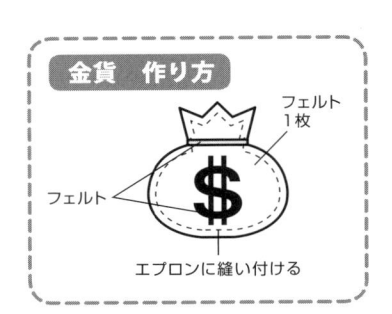

家の中 型紙

家の作り方

1

- グレー 7.5cm
- ピンク 9cm
- ベージュ 16.5cm
- 薄茶 16.5cm
- 横幅 23.5cm

木綿地のグレー、ピンク、ベージュ、薄茶を、それぞれ図の寸法に縫い代を1.5〜2cm加えて裁つ。

2

- 戸棚：フェルト、ステッチをかける、裏に面ファスナー凹面を縫い付ける
- 金貨の袋はフェルトでアップリケする
- 家の中／上a：扉の縫い付け位置、フェルトを縫い付ける
- 家の中／上b：ごちそうはフェルトでアップリケする、刺しゅうする
- 家の中／下
- ■ …面ファスナー凸面を縫い付ける
- □ …面ファスナー凹面を縫い付ける
- 家の外側：窓の格子部分は、フェルトを貼り付ける
- 草（フェルト）を縫い付け、葉っぱ（フェルト）を貼り付けて刺しゅうする

【家の中／上 a】
グレーの布には金貨袋をアップリケし、戸棚の扉（フェルト）を縫い付ける。扉は開閉できるように、面ファスナー凹面・凸面を縫い付ける。上部の左右に、家を開閉するための面ファスナー凹面を縫い付ける。

【家の中／上 b】
ピンクの布には、フェルトでごちそうをアップリケする。

【家の中／下】
ベージュの布には、面ファスナー凸面（家の開閉用）と凹面（人形を付ける用）を図のように縫い付ける。

【家の外側】
薄茶の布には、窓と草を図のように縫い付ける。

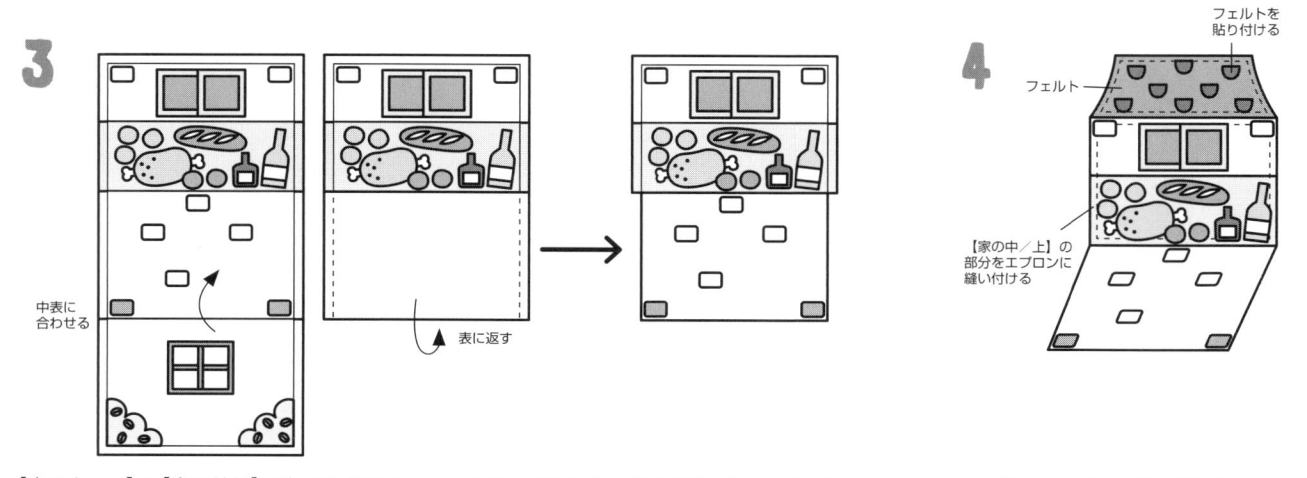

3

中表に合わせる → 表に返す

【家の中／下】と【家の外側】の部分を中表に合わせ、図のように左右を袋状に縫い合わせてから、表に返し、返し口をとじる。

4

- フェルトを貼り付ける
- フェルト
- 【家の中／上】の部分をエプロンに縫い付ける

【家の中／上】の縫い代を折り、エプロンに縫い付ける。その上に家の屋根（フェルト）を縫い付ける。

125%に拡大コピー

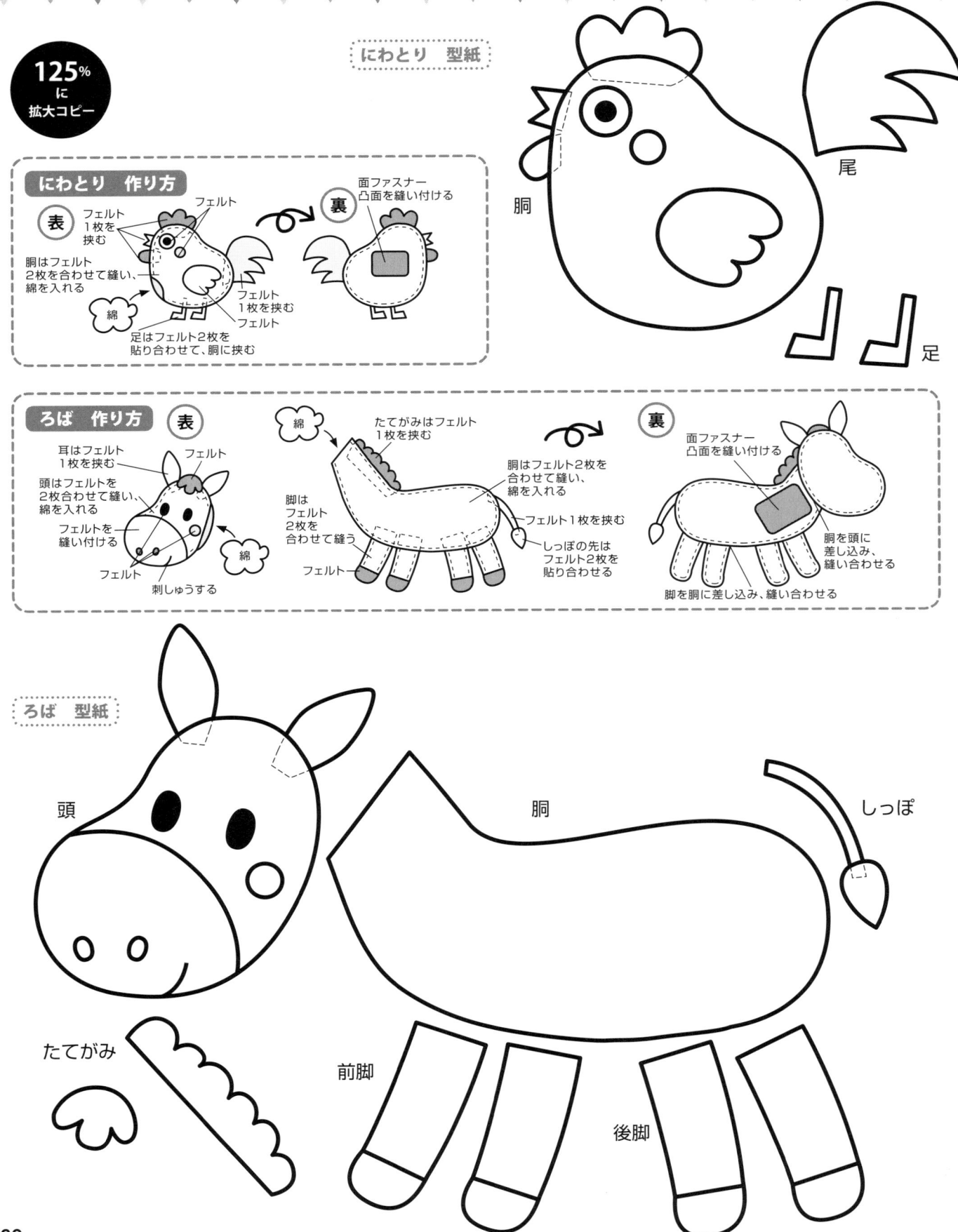

にわとり 型紙
- 胴
- 尾
- 足

にわとり 作り方

表 / 裏
- フェルト1枚を挟む
- フェルト
- 胴はフェルト2枚を合わせて縫い、綿を入れる
- 綿
- 足はフェルト2枚を貼り合わせて、胴に挟む
- フェルト1枚を挟む
- フェルト
- 面ファスナー凸面を縫い付ける

ろば 作り方

表 / 裏
- 耳はフェルト1枚を挟む
- フェルト
- 頭はフェルトを2枚合わせて縫い、綿を入れる
- フェルトを縫い付ける
- フェルト
- 刺しゅうする
- 綿
- たてがみはフェルト1枚を挟む
- 脚はフェルト2枚を合わせて縫う
- 胴はフェルト2枚を合わせて縫い、綿を入れる
- フェルト1枚を挟む
- しっぽの先はフェルト2枚を貼り合わせる
- フェルト
- 面ファスナー凸面を縫い付ける
- 胴を頭に差し込み、縫い合わせる
- 脚を胴に差し込み、縫い合わせる

ろば 型紙
- 頭
- 胴
- しっぽ
- たてがみ
- 前脚
- 後脚

実寸型紙

いぬ 型紙

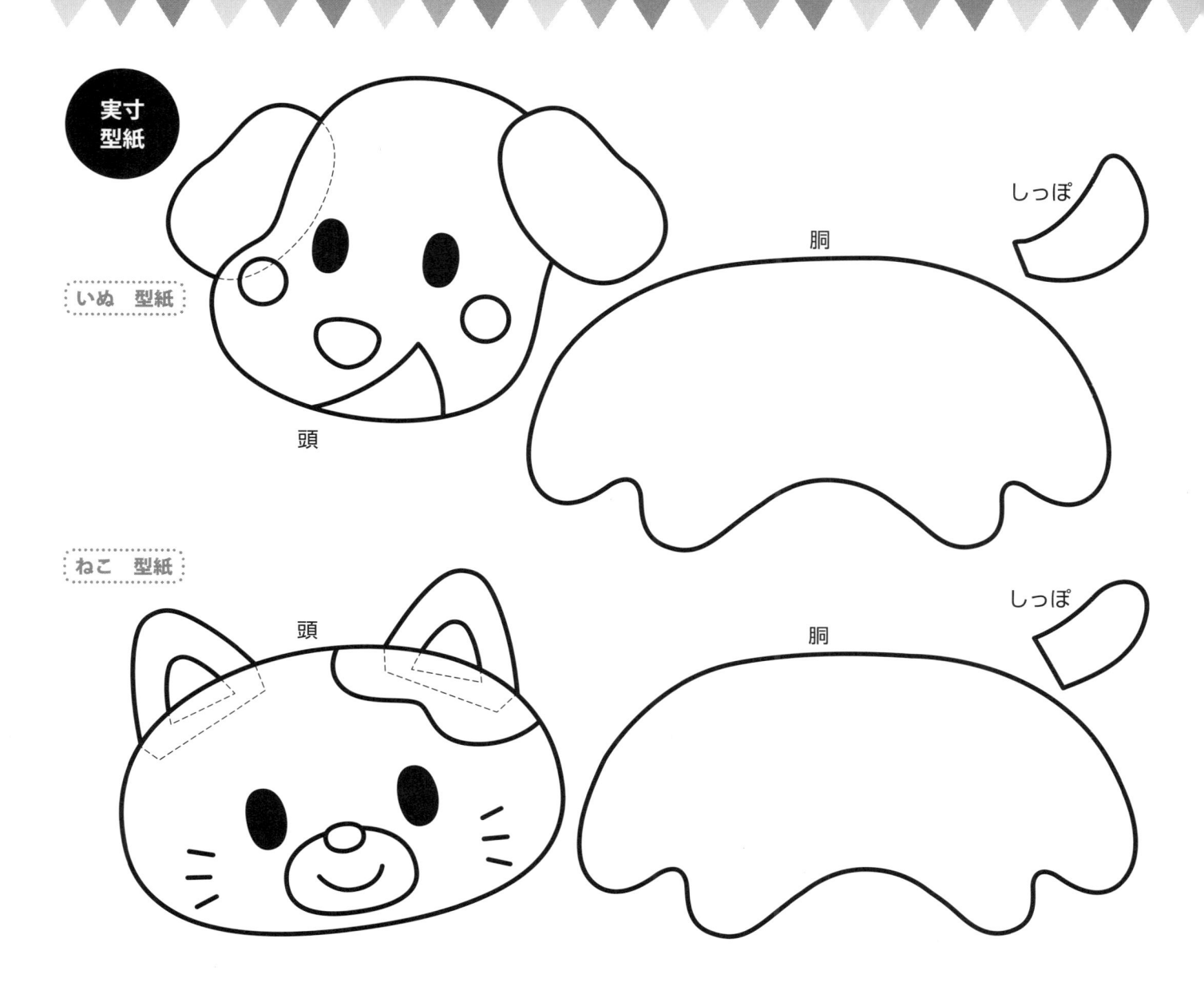

頭

胴

しっぽ

ねこ 型紙

頭

胴

しっぽ

いぬ 作り方

※作り方はろばと同様です。

表

耳はフェルト1枚を挟む
耳はフェルト1枚を貼る
フェルト
綿を入れる
綿
フェルト1枚を挟む

裏

面ファスナー凸面を縫い付ける

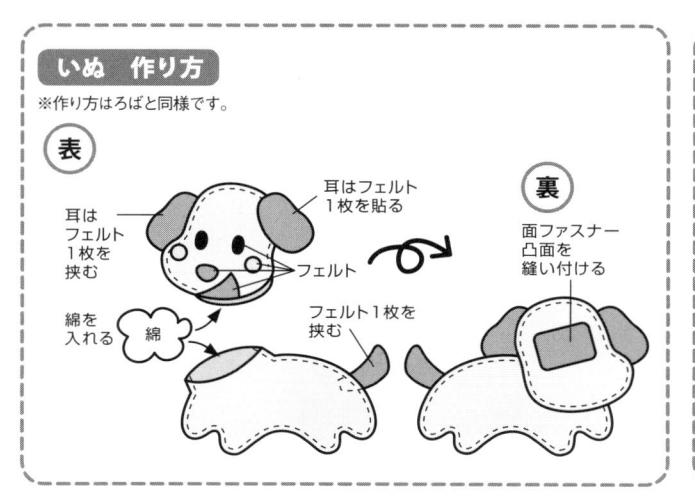

ねこ 作り方

※作り方はろばと同様です。

表

耳はフェルト1枚を挟む
フェルト
刺しゅうする
フェルト
綿を入れる
綿
フェルト1枚を挟む

裏

面ファスナー凸面を縫い付ける

101

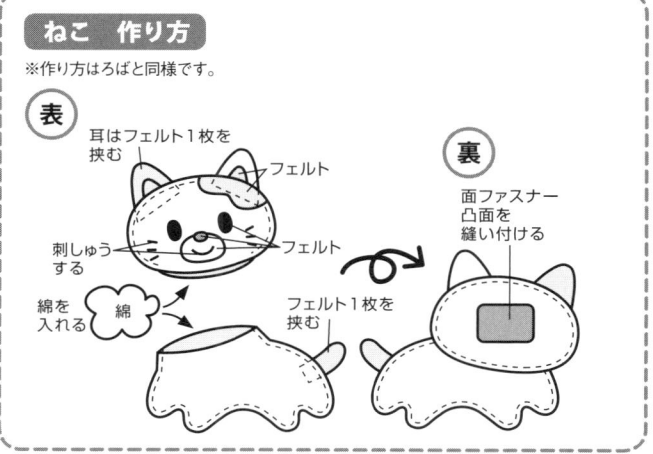

泥棒の親分　型紙

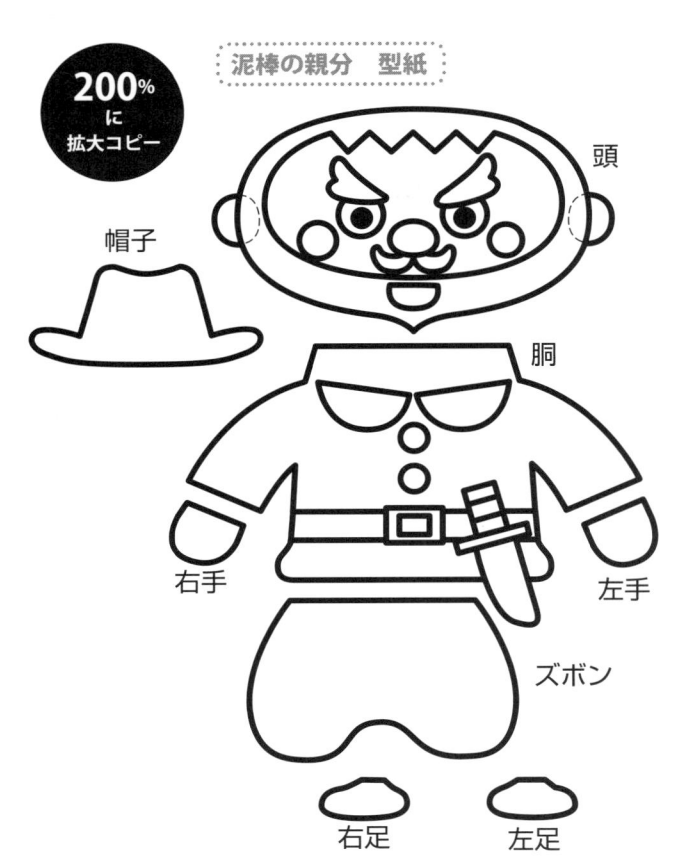

200%に拡大コピー

- 帽子
- 頭
- 胴
- 右手
- 左手
- ズボン
- 右足
- 左足

泥棒の子分　型紙

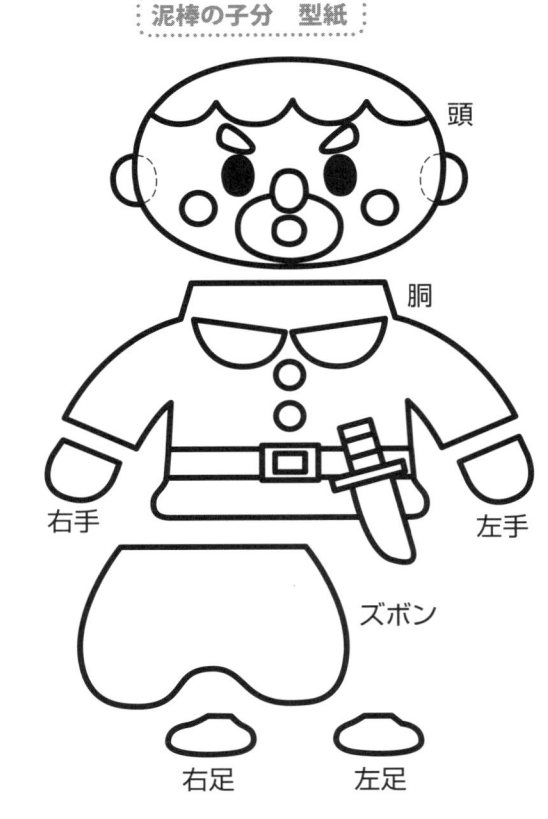

- 頭
- 胴
- 右手
- 左手
- ズボン
- 右足
- 左足

泥棒の親分　作り方

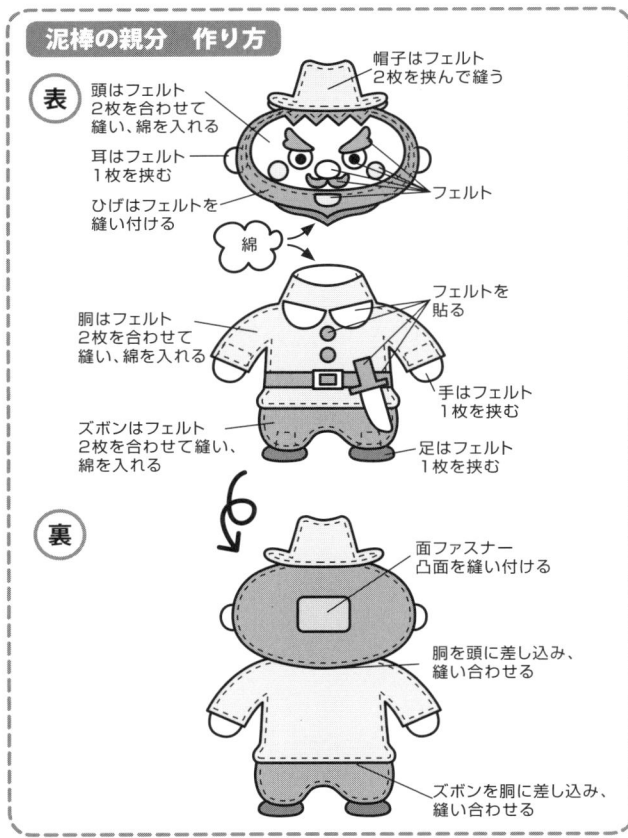

表
- 帽子はフェルト2枚を挟んで縫う
- 頭はフェルト2枚を合わせて縫い、綿を入れる
- 耳はフェルト1枚を挟む
- ひげはフェルトを縫い付ける
- フェルト
- 綿
- 胴はフェルト2枚を合わせて縫い、綿を入れる
- フェルトを貼る
- 手はフェルト1枚を挟む
- ズボンはフェルト2枚を合わせて縫い、綿を入れる
- 足はフェルト1枚を挟む

裏
- 面ファスナー凸面を縫い付ける
- 胴を頭に差し込み、縫い合わせる
- ズボンを胴に差し込み、縫い合わせる

泥棒の子分　作り方　※作り方は泥棒の親分と同様です。

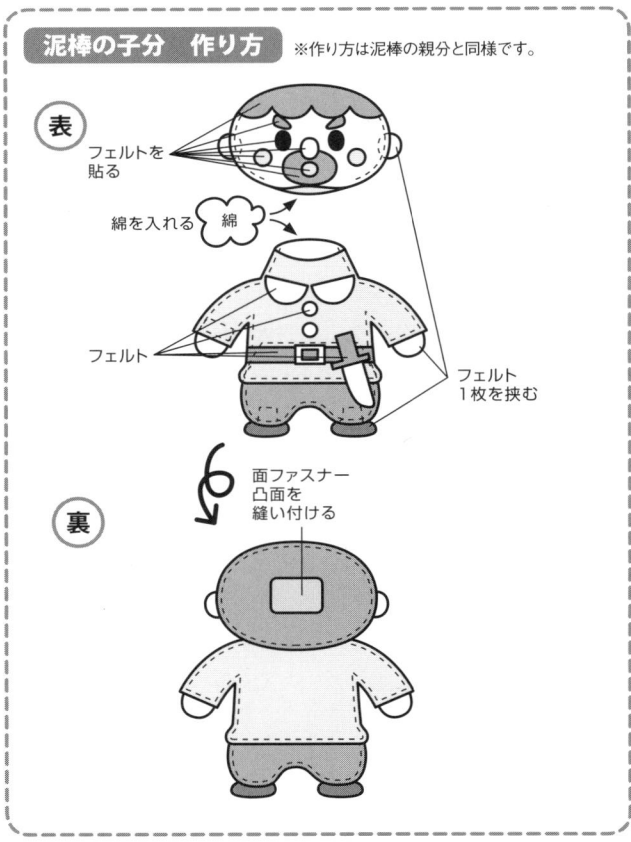

表
- フェルトを貼る
- 綿を入れる　綿
- フェルト
- フェルト1枚を挟む

裏
- 面ファスナー凸面を縫い付ける

200%に拡大コピー

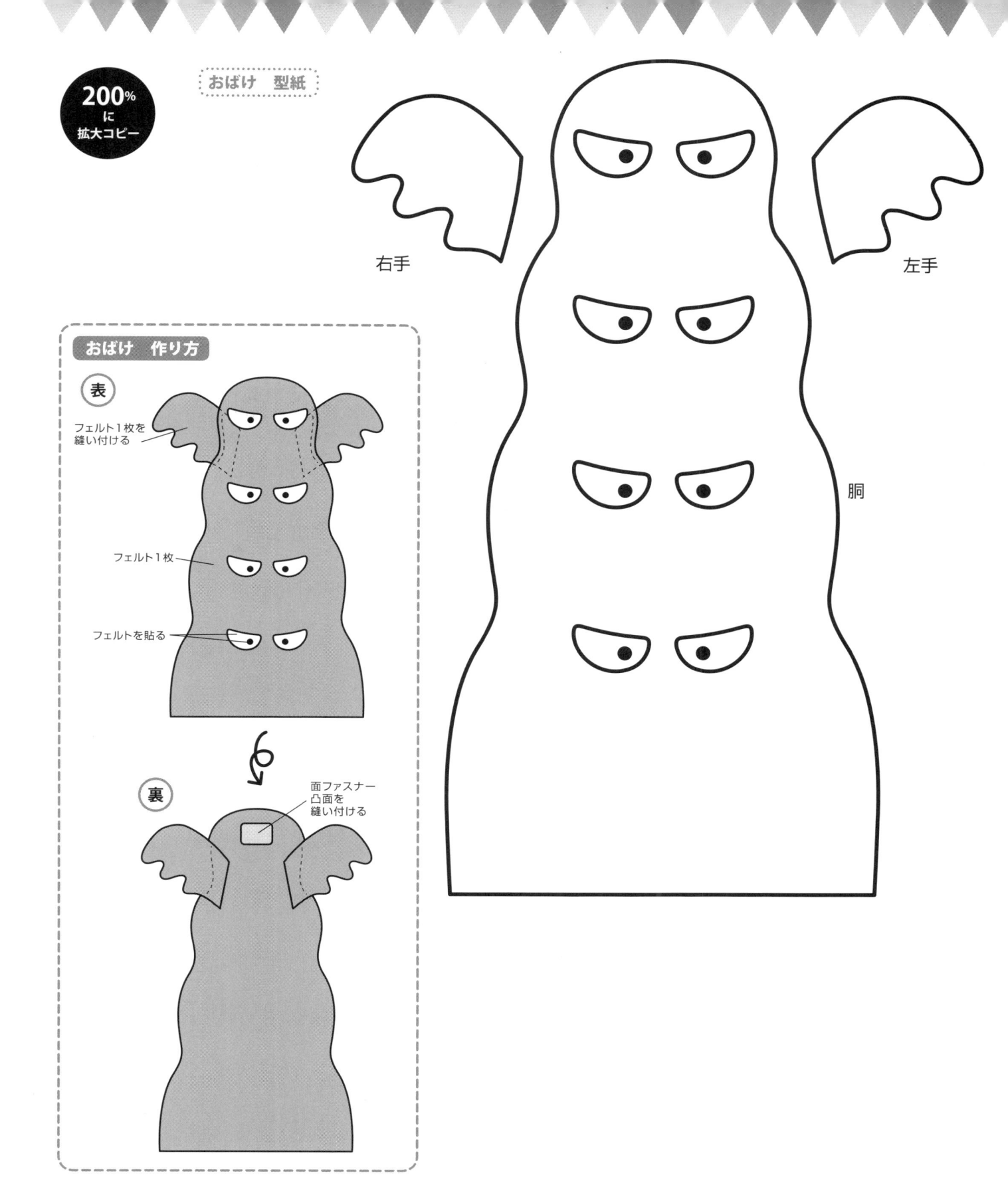

おばけ　型紙

右手　　左手

胴

おばけ　作り方

表
- フェルト1枚を縫い付ける
- フェルト1枚
- フェルトを貼る

裏
- 面ファスナー凸面を縫い付ける

中谷真弓

乳幼児教育研究所・講師。エプロンシアターの考案者。エプロンシアターの研究成果を保育学会で発表。この他、布おもちゃの研究、遊びの指導などを手がける。著書に『簡単手作り 中谷真弓のエプロンシアターベストセレクション』(フレーベル館)、『中谷真弓のエプロンシアター！』『中谷真弓のエプロンシアター！2』(チャイルド本社) など多数。

エプロンシアターは商標登録第2384104号です。

- ★ 協力　阿部直美
- ★ エプロン・人形デザイン
  くるみれな　みさきゆい　加藤直美　冬野いちこ
- ★ ブックデザイン　mogmog Inc.
- ★ 本文イラスト　みさきゆい　みつき
- ★ 撮影　林 均
- ★ モデル
  城品萌音
  池田裕子　遠藤都 (株式会社ヒラタオフィス)
  吉江瞳　芳澤諒香 (株式会社ブロッサムエンターテイメント)
- ★ 楽譜浄書　株式会社クラフトーン
- ★ 型紙トレース　奏クリエイト　プレーンワークス
- ★ 本文校正　有限会社くすのき舎
- ★ 編集　石山哲郎　平山滋子

ポットブックス
わくわく エプロンシアター®

2013年7月　初版第1刷発行
2018年2月　　　第3刷発行

著者　中谷真弓
発行人　村野芳雄
発行所　株式会社チャイルド本社
　　　　〒112-8512
　　　　東京都文京区小石川5-24-21
電話　03-3813-2141 (営業)
　　　03-3813-9445 (編集)
振替　00100-4-38410
印刷・製本　共同印刷株式会社

©Mayumi Nakatani 2013　Printed in Japan
ISBN978-4-8054-0215-3
NDC376　26×21cm　104P
＜日本音楽著作権協会 (出) 許諾第1305050-703号＞
乱丁・落丁本はお取り替えいたします。

本書の型紙以外のページを無断で複写複製することは、法律で認められた場合を除き、著作権者及び出版社の権利の侵害となりますので、その場合は予め小社宛て許諾を求めてください。

チャイルド本社ホームページアドレス
http://www.childbook.co.jp/
チャイルドブックや保育図書の情報が盛りだくさん。
どうぞご利用ください。